Iria Noa de la Fuente-Roldán, Esteban Sánchez Moreno
y José Guillermo Fouce Fernández (coords.)

Sinhogarismo y fracturas sociales en España

SERIE DESARROLLO Y COOPERACIÓN
DIRIGIDA POR ESTEBAN SÁNCHEZ MORENO

SINHOGARISMO Y FRACTURAS SOCIALES EN ESPAÑA

ISBN: 978-84-1067-302-1
DEPÓSITO LEGAL: M-8195-2025
THEMA: JBFD/JBFA/JBFC

ÍNDICE

INTRODUCCIÓN

SINHOGARISMO Y DERECHO A LA COMUNIDAD

ESTEBAN SÁNCHEZ MORENO E
IRIA NOA DE LA FUENTE-ROLDÁN
Universidad Complutense de Madrid

La bibliografía existente ha enfatizado la existencia de un perfil específico para las personas sin hogar. Este afán por descubrir el perfil que se esconde tras la realidad del sinhogarismo hunde sus raíces en los estudios estadounidenses desarrollados desde finales de la década de 1980. Aquí se sitúan los clásicos trabajos de Burt y Cohen (1989), Rossi (1989) o Wright (1989). La influencia de estas aproximaciones en la actividad investigadora posterior es indudable.

Hasta la llegada del siglo XXI, la mayoría de las investigaciones, tanto a nivel nacional como internacional, seguían un esquema analítico y organizativo similar: discusión conceptual y definición del fenómeno del sinhogarismo, recuento o estimación de su magnitud, análisis de sus causas y determinación del perfil sociodemográfico de las personas afectadas. En este marco, el estudio de factores como las tasas de consumo de alcohol y otras drogas, la relación entre sinhogarismo y enfermedad (física y mental), la influencia de antecedentes delictivos, el impacto de la ruptura familiar o la existencia de relaciones conflictivas desde la infancia ha sido una constante en la investigación sobre esta realidad social (Abdul-Hamid, 2009; Brandt, 2003; Cabrera y Rubio, 2002; Muñoz, Vázquez y Vázquez, 2003; Navarro Lashayas, 2016a; O'Connell, Kasprow y Rosenheck, 2013; Panadero y Pérez-Lozao,

2014, entre otros). Como resultado, durante mucho tiempo se ha definido a la persona sin hogar casi exclusivamente bajo un perfil estandarizado: un hombre de entre 40 y 60 años, con adicciones y problemas de salud mental, víctima de rupturas familiares y que habita en la vía pública, en alojamientos de fortuna (cajeros, portales, etc.) o en la red de albergues de las distintas ciudades.

Evidentemente, ese perfil no respondía a la lógica de la desigualdad socioeconómica (clase social, desempleo, etc.) sino más bien a dinámicas propias de separación de las personas de la normalidad social. La secuencia típica de acceso a la situación sin hogar implicaba la aparición de uno o varios acontecimientos vitales estresantes que afectan a una persona con estrategias de afrontamiento disfuncionales. Ese proceso es percibido por la sociedad en general de una manera muy concreta, pues en este relato la situación de sinhogarismo tiene su origen en un golpe de fortuna. Es decir, en una crisis vital que disparaba un conjunto de conductas con las cuales la persona se iba situando en la periferia de la sociedad respetable. Así, haber crecido en un entorno con progenitores consumidores de sustancias, los procesos de institucionalización, la violencia familiar y de género, sufrir una lesión, enfermedad o accidente grave, o haber estado en la cárcel, entre otros sucesos vitales estresantes, podían actuar como desencadenantes de un proceso de exclusión progresiva (Vázquez, Panadero y Rincón, 2007). Estas experiencias aumentaban la probabilidad de desarrollar estrategias de afrontamiento negativas, intensificando las dificultades de la persona para mantener un empleo y una vivienda estable. Dicho de otra forma, una desgracia (los acontecimientos vitales) que es manejada de manera inadecuada inicia una espiral de conductas —también inadecuadas— que giran en torno al consumo de alcohol y otras sustancias y a la evitación de los problemas, y que tienen como consecuencia la pérdida de la familia, de las relaciones personales, del trabajo y, finalmente, del hogar.

En resumen, el sinhogarismo era más una cuestión de marginación —una desviación de las normas sociales— que un problema de desigualdad. Y esa es la clave: las personas sin hogar no eran parte de la pobreza respetable, mucho menos de la pobreza digna;

más bien se trata de personas responsables de su propia situación, producto de sus propias decisiones y de su forma cuestionable de actuar y afrontar los problemas. La relación con las personas sin hogar era (es) un ejemplo perfecto de aporofobia, al activar un juicio ético como eje causal de la pobreza en particular, y de las desigualdades sociales en general: las personas sin hogar eran (son) el exponente perfecto de la pobreza inmoral, ilegítima e indigna de ser atendida y considerada (de la Fuente-Roldán, 2022).

Hasta el momento hemos utilizado de manera plenamente consciente la expresión "personas sin hogar". Se trata de un término que encaja con la idea de responsabilidad moral de dichas personas, ya que individualiza el proceso y sugiere que se trata de una condición personal. A partir de este momento enfatizaremos la idea de "sinhogarismo", describiendo una situación asociada a personas. Por tanto, a partir de ahora, utilizaremos el término "personas en situación de sinhogarismo" (PsSH). Podría parecer un cambio menor, incluso cosmético, pero, en realidad, implica un importante giro conceptual y teórico.

El énfasis en el sinhogarismo sugiere que nos enfrentamos a una posición estructuralmente construida, y no a un destino personal. En este sentido, numerosos estudios han puesto de manifiesto que el uso de ese perfil de PsSH que describimos al inicio de este capítulo ya no sirve para describir la realidad, y mucho menos para comprenderla. En primer lugar, es muy importante tener en cuenta que sinhogarismo no es sinónimo de situación de calle. El esfuerzo realizado desde la Federación Europea de Organizaciones Nacionales que Trabajan con Personas sin Hogar (FEANTSA) y el Observatorio Europeo del Sinhogarismo (EOH), con la Tipología Europea de Sinhogarismo y Exclusión Residencial (tipología ETHOS), da cuenta de ello. Esta tipología, a partir de cuatro categorías conceptuales (sin techo, sin vivienda, vivienda insegura y vivienda inadecuada), recoge un *continuum* de situaciones residenciales que van desde vivir en la calle a vivir en condiciones de hacinamiento, sin contrato de alquiler o bajo la amenaza de la violencia (FEANTSA, 2017). Esta interpretación refuerza la idea del sinhogarismo como un proceso complejo marcado por situaciones de precariedad residencial, que van más allá de la vida a la intemperie (Amore, Baker y Howden-Chapman, 2011). Esto permite comprender el fenómeno no solo desde sus manifestaciones más visibles, sino también desde una perspectiva más amplia que abarca distintas formas de exclusión habitacional.

Esto facilita descubrir otros espacios habitualmente invisibilizados, donde el sinhogarismo también se manifiesta y afecta a realidades que no encajan en el "perfil mayoritario". En este sentido, las investigaciones llevan tiempo evidenciando que el sinhogarismo impacta a una diversidad de grupos que no eran reconocidos en el perfil tradicional: mujeres (Bretherton y Mayock, 2021), personas jóvenes (de la Fuente-Roldán y Sánchez-Moreno, 2023), personas LGTBIAQ+ (Gámez Ramos y Alcázar Campos, 2024), personas migrantes (Navarro Lashayas, 2016b), familias (Murran y Brady, 2022), entre otros. El sinhogarismo ya no puede describirse con una imagen, sino que requiere de una yuxtaposición de instantáneas en un mosaico compuesto por teselas heterogéneas, translúcidas y superpuestas.

Una hipótesis razonable establece que la creciente complejidad del sinhogarismo mimetiza los cambios del sistema de estratificación social. La referencia a la creciente complejidad de las desigualdades sociales se ha convertido ya en un lugar común en las ciencias sociales en general, y en sociología y trabajo social en particular. El impacto de la crisis económica que comenzó en 2008 (frecuentemente referida como la Gran Recesión) en las desigualdades socioeconómicas alcanzó una magnitud sobresaliente. Esta sacudida en la organización de las desigualdades ha llevado a la consolidación de tendencias de cambio que se observan desde las últimas décadas del siglo XX, un cambio que supone no solo un incremento en la brecha de la desigualdad, sino también cambios cualitativos vinculados con la interseccionalidad, al aumento del riesgo social y al progresivo avance de la exclusión en las sociedades contemporáneas.

Lo cierto es que hemos presenciado cómo el sinhogarismo ha mutado su composición y dinámica de manera reciente. El libro que el lector o lectora tiene entre sus manos gira en torno a esta idea. Así, en el capítulo 1, María Virginia Matulič Domandzič, Núria Fustier-Garcia, José Manuel Díaz González y Eliana González Gómez analizan con detalle las características distintivas del sinhogarismo que afecta a las mujeres, enfatizando en el efecto de las desigualdades vinculadas al género y, en especial, el impacto de la violencia. Además, subraya la importancia de incorporar, tanto en las intervenciones como en las políticas públicas, una perspectiva de género real y efectiva.

En el capítulo 2, Daniel Fernández Roses examina las barreras estructurales que caracterizan la experiencia del sinhogarismo en el caso de las personas LGTBIAQ+, con un enfoque particular en las mujeres trans, las personas jóvenes y las personas migrantes. Con ello, el autor da cuenta de las limitaciones que existen para incorporar las diversidades sexogenéricas al análisis del sinhogarismo.

En el capítulo 3, Xabier Parra analiza la relación entre los procesos migratorios y el fenómeno del sinhogarismo en España, poniendo de relieve los numerosos obstáculos que dificultan el acceso de las personas migrantes a la condición de ciudadanía. El autor identifica una serie de barreras de tipo administrativo, social y estructural que no solo complican el acceso a derechos fundamentales, sino que también perpetúan situaciones de exclusión y vulnerabilidad.

En el capítulo 4, Iria Noa de la Fuente-Roldán muestra cómo el sinhogarismo que afecta a las personas jóvenes constituye uno de los retos más urgentes para la comprensión del sinhogarismo contemporáneo, tanto por su creciente presencia como por sus implicaciones para el futuro. Además, incorpora la importancia de la migración, la violencia y las relaciones sociales como ejes explicativos clave.

En conjunto, el presente libro identifica los retos recientes que, de manera urgente, deben ser abordados para la erradicación del sinhogarismo. Pero tal vez lo más relevante es que, en cada elaboración, es necesario incorporar elementos analíticos propios del resto de los capítulos. Así, por ejemplo, no podemos comprender el sinhogarismo en el caso de las personas jóvenes sin incorporar la variable étnica o migratoria en el análisis. También es difícil analizar el sinhogarismo de las personas LGTBIAQ+ sin considerar la variable edad. Se trata de la necesidad de un análisis interseccional, en el cual los distintos vectores de la desigualdad interactúan y producen contextos específicos, con causas y consecuencias también específicas. Esta aproximación es también evidente en el análisis de las políticas y programas de prevención y lucha contra el sinhogarismo que ofrece Albert Sales en el capítulo 5, en el que se pone de manifiesto que los modelos más innovadores en este momento se basan en la incorporación de la complejidad del sinhogarismo.

Se colige de todo lo dicho que el sinhogarismo debe comprenderse en el marco de procesos estructurales de desigualdad; que no es una excrecencia del sistema, sino un resultado esperable en un sistema de estratificación social cada vez más articulado en torno a procesos de exclusión. El sinhogarismo no es una manifestación de la desviación social, sino una manifestación de las desigualdades socioeconómicas que afectan a toda la población, a toda la ciudadanía. Entendemos, por tanto, que el sinhogarismo encaja en la lógica de las desigualdades socioeconómicas contemporáneas, como no podría ser de otra forma. Ahora bien, aunque el aumento del número de PsSH encuentra su causa última en la organización de las desigualdades sociales, su propia existencia (y, por tanto, su persistencia) responde a problemas de índole moral con profundas implicaciones éticas, especialmente en el desarrollo de políticas económicas y sociales.

De manera más concreta, y en dicho contexto, el sinhogarismo consiste en la violación patente del derecho que cualquier persona tiene a vivir en comunidad y participar de las relaciones comunitarias para desarrollar su proyecto vital y afrontar los retos y dificultades para dicho desarrollo. Este *derecho a la comunidad* implica que la construcción de la vida de cualquier persona requiere de la participación y acceso a un contexto comunitario —y, por tanto, compartido— constituido por recursos materiales, institucionales, relacionales y morales que dotan de sentido y propósito el desarrollo de las personas. La comunidad constituiría un anclaje material, social y moral imprescindible para el desarrollo vital. No nos referimos, por tanto, a un derecho subjetivo, sino más bien a un concepto sociológico que reclama lo interpersonal y colectivo como un eje que articula la identidad. En este contexto, el sinhogarismo consiste en una quiebra vital consecuencia de la expulsión de las personas de la vida comunitaria: en la conculcación de todos y cada uno de los elementos que constituyen la comunidad y en la negación del acceso a la vida en comunidad. De manera específica, esta expulsión se concreta en los siguientes elementos:

Relaciones sociales. La participación en relaciones sociales significativas supone la antítesis de muchas formas de sinhogarismo, y especialmente de las situaciones de calle o carencia de techo. Estas relaciones sociales incluyen los grupos primarios tradicionales, como la familia o las relaciones de amistad, pero también incorporan la participación en entidades comunitarias más amplias, como son las relaciones y agrupaciones vecinales, económicas (comercio, restauración, trabajo), lúdicas, sociales, etc. Así, las relaciones sociales de naturaleza comunitaria están en el origen de un sentido de pertenencia que se sitúa en las antípodas del aislamiento social y la soledad de las personas en situación de sinhogarismo. Así, por ejemplo, en el estudio de FACIAM, el 21,7% de PsSH señalaba que no tenía a ninguna persona a la que recurrir en caso de necesitar ayuda (Sánchez-Moreno y de la Fuente-Roldán, 2021). Dicho de otra manera, el sinhogarismo no se caracteriza por la restricción de los vínculos de pertenencia a la comunidad, sino más bien por su extinción.

Recursos comunitarios. Las relaciones comunitarias incluyen el uso y disfrute de recursos de diferente naturaleza, cuyo elemento distintivo es que forman parte de la comunidad que los produce y moviliza. No nos estamos refiriendo necesariamente a recursos coposeídos por todos los miembros de la comunidad, o a bienes comunes de diferente tipo, sino más bien a recursos que tienen un papel en la creación y recreación de una dinámica comunitaria que mejora la calidad de vida de las personas. Estos recursos pueden ser materiales o inmateriales, de propiedad privada o pública, formales o informales. La idea de recurso comunitario, por tanto, no gira en torno a sus características, sino a la relación que establece con la comunidad. Por ejemplo, un comercio o una librería pueden ser recursos comunitarios si contribuyen a establecer una relación significativa con y entre los vecinos y vecinas del barrio, o pueden limitar su papel al ámbito económico del mismo. En realidad, el catálogo es amplio: centros de salud, hospitales, escuelas, centros de servicios sociales, centros de día, centros culturales, comercios, negocios, parroquias, mezquitas, parques, jardines, clubes y asociaciones de todo tipo (culturales, deportivos, vecinales, lúdicos). Todos ellos son recursos a los que las personas (de forma personal o en el marco de otros grupos, como las familias) recurren para construir su vida, desplegar su proyecto biográfico y afrontar de manera exitosa las situaciones de necesidad, los acontecimientos vitales y los momentos de crisis. Pues bien, el sinhogarismo supone la expulsión de las personas de dicho entramado de recursos comunitarios, erigiendo una barrera en su acceso y disfrute y, con ello, un bloqueo de la participación en su dinámica y funcionamiento.

Institucionalización. Con frecuencia, esta expulsión se sustancia en el confinamiento simbólico y actual en recursos especializados para PsSH (incluyendo albergues, alojamientos temporales, centros de acogida y recursos de emergencia), lo que incrementa su separación de la comunidad. Se trata de lo que suele denominarse institucionalización, que consiste en una dependencia de los recursos de cuidado y protección social[1] para satisfacer las necesidades socioeconómicas y de la vida diaria. Estudios recientes muestran que este proceso es especialmente intenso en el caso del sinhogarismo. Así, por ejemplo, en el estudio de FACIAM, cuando se preguntaba a las PsSH a quién acudían cuando tenían

1. En el caso del sinhogarismo, son recursos especializados de protección social.

un problema o necesidad, más de un tercio señalaba que a los y las profesionales con los que estaban en intervención. Además, en el caso de las personas jóvenes en situación de sinhogarismo podemos estimar que una alta proporción (entre uno y dos tercios) proceden de un proceso previo de institucionalización en los sistemas de protección de menores.

Negación vital. Se aprecia una similitud entre la idea de sinhogarismo y los tres efectos de la pobreza descritos por Jiewi Ci (2014), a saber, una falta de recursos para 1) satisfacer las necesidades de supervivencia física (por ejemplo, una vivienda); 2) vivir de la forma exigida por su sociedad para que la persona sea respetada, y 3) desempeñarse de la manera que una sociedad requiere para que la persona funcione de "forma normal". Es decir, para alcanzar lo que una persona tiene derecho a querer. Desde nuestro punto de vista, la radical vulneración del derecho a la comunidad constituye una quiebra total y absoluta de la construcción de una vida a causa de la negación de los elementos con los cuales puede construirse. Las PsSH se ven privadas de los elementos de los que cualquier ciudadano o ciudadana dispone para construir su relato vital: son expulsadas de su propia biografía.

Esta forma de entender el derecho a la comunidad nos lleva a considerar el sinhogarismo como parte del sistema de organización de las desigualdades, definiéndolo como la expresión descarnada de un conflicto moral que, en nuestras sociedades, tiene importantes implicaciones éticas para el desarrollo de políticas públicas. Si se nos permite exagerar el argumento, defendemos que el sinhogarismo no es un problema social, sino un problema moral con consecuencias éticas de la mayor magnitud. La paradoja es evidente: solo asociando un componente de inmoralidad a las personas concretas que sufren el sinhogarismo (o, lo que es lo mismo, de merecimiento, o de justicia) es posible tolerar en nuestras sociedades (y especialmente en nuestras calles) la contradicción que supone para el sustrato moral de las democracias contemporáneas la presencia de miles de personas atravesadas por la exclusión social más extrema. Tal y como señala Thomas M.

Scanlon (2020: 78): "Si aquellos que viven mejor se juntan principalmente con otras personas que comparten su mismo nivel económico, entenderán menos las vidas y las necesidades de aquellos que tienen menos y, probablemente, no mostrarán compasión ante la grave situación de estos". El sinhogarismo supone la mayor expresión de este proceso de apartamiento de la exclusión y la desigualdad. Solo los mecanismos de invisibilización de las personas que expulsamos de nuestras comunidades permiten inhibir la contradicción ética que su existencia arroja ante nuestros ojos. Porque lo cierto es que las personas sin hogar existen porque no le importan a nadie.

BIBLIOGRAFÍA

Abdul-Hamid, W. (2009): "The mental health needs of homeless people. A trans-atlantic comparison", *International Journal of Culture and Mental Health*, 2, pp. 109-17, en https://n9.cl/kj7uov.

Amore, K., Baker, M. y Howden-Chapman, P. (2011): "The ETHOS Definition and Classification of Homelessness: An Analysis", *European Journal of Homelessness*, 5(2), 19-37, en https://n9.cl/3botxv.

Brandt, P. (2003): "Encuentro con los enfermos mentales sin hogar que viven en la calle", *Cuadernos de Psiquiatría Comunitaria*, 3, 148-157.

Bretherton, J. y Mayock, P. (2021): *Women's homelessness: European evidence review*, Bruselas, FEANTSA, en https://n9.cl/ufno2.

Burt, M. R. y Cohen, B. E. (1989): *American Homeless: Numbers, Characteristics, and Programs that Serve Them*, Washington D. C., The Urban Institute.

Cabrera, P. J. y Rubio, M. J. (2002): "La cuestión del alcoholismo entre las Personas Sin Hogar desde la experiencia de la Fundación San Martín de Porres de Madrid", *Miscelánea Comillas: Revista de Ciencias Humanas y Sociales*, 60, pp. 667-701.

Ci, J. (2013): "Agency and Other Stakes of Poverty", *Journal of Political Philosophy*, 21(2), 125-150, en https://n9.cl/frntoq.

De la Fuente-Roldán, I. N. (2022): "Una aproximación al contexto sociohistórico del sinhogarismo", *Zerbitzuan, Revista de Servicios Sociales*, (77), pp. 81-92, en https://n9.cl/bnj3o.

De la Fuente-Roldán, I. N. y Sánchez-Moreno, E. (2023): "Una aproximación a la realidad de las personas jóvenes en situación de sinhogarismo: dimensiones para un abordaje interseccional", *Revista de Estudios de Juventud*, (127), pp. 29-43, en https://n9.cl/xzowky.

FEANTSA (2017). *European Typology of Homelessness and Housing Exclusion*, Bruselas, FEANTSA, en https://n9.cl/lvq7u.

Gámez Ramos, T. y Alcázar Campos, A. (2024): "Era todo menos un hogar: El impacto de la violencia familiar en la situación de sinhogarismo de las personas LGTBIQ+", en M. Botija *et al.* (coords.), *Construyendo comunidad: Investigación, acción, participación en inclusión residencial*, Madrid, Dykinson, pp. 180-187.

Muñoz, M.; Vázquez, C. y Vázquez, J. J. (2003): *Los límites de la exclusión. Estudio sobre los factores económicos, psicosociales y de salud que afectan a las personas sin hogar en Madrid*, Madrid, Obra Social Caja Madrid.

Murran, S. y Brady, E. (2022): "How does family homelessness impact on children's development? A critical review of the literature", *Child & Family Social Work*, 28(2), pp. 360-371, en https://n9.cl/kk8ee.

Navarro Lashayas, M. Á. (2016a): "Uso y abuso del alcohol y otras drogas en una muestra de personas migrantes sin hogar en Bilbao", *Revista Española de Drogodependencias*, (1), pp. 29-40, en https://n9.cl/mobje.

— (2016b): "El factor diferencial de la migración en las personas sin hogar", *Migraciones*, (39), pp. 67-95, en https://n9.cl/6qeyx.

O'Connell, M. J., Kasprow, W. J. y Rosenheck, R. A. (2013): "The impact of current alcohol and drug use on outcomes among homeless veterans entering supported housing", *Psychological Services*, 10, pp. 241-249, en https://n9.cl/10ycvy.

Panadero, S. y Pérez-Lozao, M. (2014): "Personas sin hogar y discapacidad", *REDIS. Revista Española de Discapacidad*, 2, pp. 7-26, en https://n9.cl/dmvjy.

Rossi, P. H. (1989): *Down and out in America. The origins of homelessness*, Chicago, University of Chicago Press.

Sánchez Moreno, E. y De la Fuente Roldán, I. N. (2021): *Exclusión social y COVID-19: el impacto de la pandemia en la salud, el bienestar y las condiciones de vida de las personas sin hogar*, Madrid, Red FACIAM, en https://n9.cl/pzkw9g.

Scanlon, T. M. (2020): *¿Por qué importa la desigualdad?*, Madrid, Avarigani Editores.

Vázquez, J. J.; Panadero, S. y Rincón, P. P. (2007): "Stressful Life Events in Countries of Differing Economic Development: Nicaragua, Chile, and Spain", *Psychological Reports*, 101(1), pp. 193-201, en https://n9.cl/tpt6al.

Wright, J. D. (1989): *Address unknown: The homeless in America*, Berlín, Aldine de Gruyter.

CAPÍTULO 1

MUJERES Y SINHOGARISMO

MARÍA VIRGINIA MATULIČ-DOMANDZIČ
Universidad de Barcelona

NÚRIA FUSTIER-GARCIA
Universidad de Girona

JOSÉ MANUEL DÍAZ GONZÁLEZ
Universidad de La Laguna

ELIANA GONZÁLEZ GÓMEZ
Asociación Científica sobre Sinhogarismo desde la Perspectiva de Género (ASiPeG)

El número de personas que presentan dificultades con la vivienda se ha incrementado en la mayoría de los países de la Unión Europea. Las principales causas se relacionan con la falta de acceso y las dificultades para el mantenimiento de la vivienda, a la que se suman otros derechos básicos vulnerados como el derecho al trabajo, el acceso a la participación y protección social, así como dificultades para cubrir necesidades materiales, simbólicas y afectivas (Cabrera y Rubio, 2008).

La Federación Europea de Organizaciones Nacionales que trabajan con Personas sin Hogar (FEANTSA) estima que más de 700.000 personas se encuentran en situación de sinhogarismo en la UE en una noche, pudiendo llegar hasta 4,1 millones de personas las expuestas a alguna forma de sinhogarismo a lo largo de un año (Fondation Abbé Pierre y FEANTSA, 2023). España ha presentado un incremento en estos últimos años, pasando de 22.938 en 2015 a 28.552 en 2022. De estas, 21.900 eran hombres y 6.652 eran mujeres (INE, 2022).

El número de mujeres, así como el de familias encabezadas por mujeres en situación de exclusión residencial, han ido en aumento, pasando del 19,7% en 2012 al 23,3% en 2022 (INE, 2022; Matulič Domandzič *et al.*, 2024; Phipps *et al.*, 2019). RAIS (2018) y Moriana Mateo (2021) entre otros, destacan que este incremento se asocia a las mayores desigualdades vinculadas al género entre las que se destacan las estructurales (asociadas a la pobreza, la educación y el trabajo), relacionales (violencia machista) e institucionales (falta de servicios específicos y de una atención integral). En estos últimos años, estamos asistiendo a una *feminización del sinhogarismo* que presenta múltiples realidades atravesadas por factores de diversa intensidad, donde el aumento del desempleo y la desprotección social tienen una importante presencia (Alonso, Palacios e Iniesta, 2020).

TABLA 1

TIPOLOGÍA ETHOS DEL SINHOGARISMO Y LA EXCLUSIÓN RESIDENCIAL

CATEGORÍA	SUBCATEGORÍA	DESCRIPCIÓN
Sin techo (*roofless*)	1. Vivir en espacio público	Sin domicilio, en lugares públicos
	2. Pernoctar en albergue o forzado a pasar el día en espacio público	Sin hogar, pernoctan en albergues y pasan el día en lugares públicos
Sin vivienda (*houseless*)	3. Estancia en centros de servicios o refugios	Utilizan centros de servicios o refugios que permiten diferentes modelos de estancia
	4. Vivir en refugios para mujeres	Mujeres sin hogar que viven en refugios específicos
	5. Vivir en alojamientos temporales reservados a inmigrantes y demandantes de asilo	Alojamiento temporal para inmigrantes y solicitantes de asilo
	6. Vivir en instituciones	En instituciones como prisiones, centros de salud, hospitales, sin tener un lugar donde ir
	7. Vivir en alojamientos de apoyo (sin contrato de arrendamiento)	Sin contrato de alquiler, alojados temporalmente en lugares de apoyo
Vivienda insegura (*insecure housing*)	8. Vivir en vivienda sin título legal	Sin título legal, vivir temporalmente con familiares o amigos involuntariamente, sin contrato de arrendamiento
	9. Notificación legal de abandono de vivienda	Vivienda con notificación legal de desalojo
	10. Vivir bajo amenaza de violencia por familia o pareja	Amenazados de violencia familiar o de pareja
Vivienda inadecuada	11. Vivir en estructura temporal o chabola	Viviendas temporales o chabolas
	12. Vivir en vivienda no apropiada según legislación estatal	Viviendas que no cumplen con la legislación estatal
	13. Vivir en vivienda masificada	Viviendas con sobrepoblación

Fuente: Elaboración propia a partir de FEANTSA (2017).

La magnitud que ha tomado el sinhogarismo en nuestras sociedades ha motivado que en las últimas décadas se haya avanzado en su dimensión conceptual, así como en el despliegue de las políticas para combatirla. En 2005, FEANTSA establece una tipología denominada ETHOS (European Typology on Homelessnes) para describir las condiciones de habitabilidad en relación con el problema de la vivienda (FEANTSA, 2017). Esta clasificación en categorías vinculadas a diversos grados de exclusión residencial se presenta en la siguiente tabla.

Sin embargo, esta tipología ha generado sugerentes debates vinculados a sus limitaciones en relación con las diferentes dimensiones y procesos donde se conjugan factores de diversa intensidad (de la Fuente-Roldán, 2022). En estas limitaciones, vemos cómo las mujeres que sufren exclusión residencial (asociadas al alojamiento inadecuado e inseguro) se encuentran menos representadas. Ellas utilizan estrategias relacionales (con la familia, amigas o grupos de iguales) para evitar la situación de calle (Penya y Maranillo-Castillo, 2022). En estos complejos procesos se asocian situaciones de precariedad social y habitacional donde se suman diversos tipos de violencias (Matulič, Munté-Pascual y Redondo-Sama, 2023). Debido a los limitados datos y a su invisibilidad, la literatura científica la denomina como exclusión residencial oculta (Matulič *et al.*, 2019a; Sales y Guijarro, 2017). Esta situación sería una muestra de la visión androcéntrica en los estudios del sinhogarismo y de la importancia de introducir las variables de género en la comprensión, estudio y atención de las personas en situación de sin hogar (Matulič *et al.*, 2019b, 2024).

1. POLÍTICAS CON PERSPECTIVA DE GÉNERO

Los factores que influyen en el sinhogarismo son diversos, siendo un fenómeno multidimensional y complejo que requiere la articulación de respuestas a las múltiples necesidades de las personas que padecen esta situación. Estas respuestas deben ofrecerse desde las políticas sociales entendidas como "[…] aquellas que dan respuesta u ofrecen satisfactores a una serie de necesidades (incluyendo aspiraciones legítimas de desarrollo humano) mediante la provisión (pública en algún sentido o medida) de una serie de prestaciones y servicios cuya percepción o disfrute, eventualmente, se convertiría en un derecho social" (Fantova, 2014: 55-56).

Para procurar el bienestar a las personas es necesario organizar las actividades y para ello las políticas se estructuran en sectoriales, transversales e intersectoriales (Fantova, 2014). Las políticas sectoriales son los pilares o columnas de la política social y se caracterizan por dar respuesta a necesidades individuales, por "proteger un bien con significado o valor universal" (ibíd.: 119) y por disponer de una estructura organizada para cumplir su finalidad. Hay consenso en la literatura (Adelantado, 2007; Fantova, 2014; Montagut, 2008, entre otros) y en las clasificaciones oficiales de la Unión Europea (Eurostat, s.f.) en identificar las siguientes políticas sectoriales: sanitarias, educativas, de servicios sociales, laborales, de vivienda y de garantías de rentas.

Las políticas sectoriales, por sí solas, no tienen capacidad para afrontar las necesidades complejas, tampoco de las personas en situación de sinhogarismo. Las políticas de vivienda y de servicios sociales destacan por su incidencia en la atención a las personas en situación de sinhogarismo.

El punto de partida es la falta de alojamiento, entendido como "una concepción más global de lo que podría ser denominado hecho social de habitar, en donde se condensan las prácticas residenciales en las que se resumen todas las funciones sociales que el alojamiento debe cubrir en nuestra sociedad" (Cortés y Martínez, 2008: 3). El derecho a una vivienda digna se recoge en el artículo 47 de la Constitución Española (1978); pero los datos muestran que la política de vivienda es débil, con una oferta de vivienda pública de alquiler muy inferior a la media de la Unión Europea, uno de los principales factores que dificultan el acceso a la vivienda (Pittini, 2019).

Por su parte, los servicios sociales en España "se han construido sobre la idea que fuera un 'último recurso', la 'última red' de seguridad" (Gutiérrez Sastre, Calzada Gutiérrez y Caro Blanco, 2024:

970) y, entre otros aspectos, se les ha asignado tanto la atención a las personas en situación de sinhogarismo como la atención a mujeres víctimas de violencia machista. En ambos casos, su acción se ha orientado a paliar los efectos del problema de origen (sinhogarismo o violencia) mediante recursos de acogida y asesoramiento. En los últimos años se han introducido cambios significativos en los tradicionales servicios de atención (albergues nocturnos, casas de acogida), incluyendo otras alternativas (pisos compartidos, viviendas con servicios o viviendas individuales) (Busch-Geertsema, 2014).

La fragmentación de los sistemas, incluso internamente, lleva a situaciones extremas cuando los servicios se orientan a dar respuesta a una única necesidad (violencia o sinhogarismo), pero no contemplan la confluencia de estas circunstancias en la misma mujer y se prioriza una de sus condiciones sobre la otra. Esto se traduce en el hecho de que las mujeres víctimas de violencia machista sean atendidas por distintas redes según su situación en el momento de la violencia: si se encuentran en situación de calle o sin vivienda se derivan a la red de atención a personas en situación de sinhogarismo, mientras que si estaban en un domicilio son derivadas a la red de atención a víctimas de violencia machista.

Es esencial incorporar la interseccionalidad en las políticas para hacer frente a esta fragmentación. Este concepto, desarrollado desde el feminismo, busca entender los efectos de las distintas dimensiones o características de las mujeres (sexo, raza, etnia, clase social, edad, sexualidad, discapacidad, etc.) que interactúan simultáneamente en su vida. Se puede definir como "la variedad de fuentes estructurales de desigualdad que mantienen relaciones recíprocas, subrayando que el género, la etnia, la clase o la orientación sexual, por ejemplo, son categorías sociales construidas y que están interrelacionadas" (Platero, 2012: 140).

El diseño de este tipo de políticas implica superar la fragmentación y contemplar las necesidades de las personas desde una visión global, holística, que permita su atención teniendo en cuenta los efectos simultáneos de cada situación. Los estudios muestran que en torno a un 70% de las mujeres en situación de calle manifiestan que el detonante para la salida del domicilio es uno o más episodios de violencia machista, por lo que este enfoque es esencial para dar respuesta a las necesidades de las mujeres en situación de sinhogarismo y que han sufrido violencia machista.

2. METODOLOGÍAS DE INTERVENCIÓN PROFESIONAL DESDE UNA PERSPECTIVA DE GÉNERO

Las políticas sociales deberían facilitar la incorporación de metodologías de intervención que contemplen a la persona desde una perspectiva global y que reconozcan a todas las personas, más allá del nivel de vulnerabilidad o exclusión en el que se encuentren, como seres únicos y capaces de tomar las riendas de su vida.

Resulta imprescindible dar voz a las mujeres en las investigaciones y en los espacios de atención, reconociendo sus experiencias únicas y sus necesidades específicas. La adopción de un enfoque feminista en los diagnósticos sociales permite visibilizar las situaciones creadas por las relaciones de desigualdad del patriarcado, evitando la problematización de las mujeres (Dominelli, 2002). Sin embargo, los sesgos de género persisten en la investigación y en la práctica profesional, generando así barreras y perpetuando desigualdades. Cambiar estos enfoques requiere el compromiso de las organizaciones para proporcionar formación continua a los y las profesionales sobre cuestiones de género y violencia, así como en metodologías humanistas, críticas e interseccionales que transformen las formas de acompañamiento orientadas a la promoción de la autonomía, la autorrealización y el reconocimiento de las personas acompañadas (Gámez, 2017).

La mejora de las metodologías de intervención requiere, además, un enfoque integral que incluya la sistematización y evaluación rigurosa de las prácticas profesionales (Bullen, 2019). Este proceso permite acceder a información valiosa que posibilita la implementación de intervenciones basadas en la mejor evidencia científica disponible (Díaz y Rodríguez, 2023). De este modo, se garantiza que las futuras actuaciones se desarrollen desde un enfoque de buenas prácticas profesionales, optimizando la eficacia y la pertinencia de las intervenciones en el ámbito del sinhogarismo femenino.

El trabajo en red es realmente significativo, ya que favorece la cooperación y la creación de espacios de reflexión y encuentro sistematizados entre profesionales (Díaz *et al.*, 2023). Además, es necesario fortalecer las conexiones entre el ámbito académico-científico y el profesional para desarrollar metodologías de intervención más efectivas ante realidades complejas. Esto contribuye significativamente tanto a la teoría como a la práctica, promoviendo enfoques más integrales y con perspectiva de género en la atención al sinhogarismo femenino.

3. MUJERES EN SITUACIÓN DE SINHOGARISMO

Los estudios sobre sinhogarismo desde una perspectiva de género han aumentado en estos últimos años, aportando evidencia sobre las trayectorias diferenciadas y las estrategias específicas que las determinan. Uno de los primeros estudios en Europa, *Housing and Homelessness: A feminist perspective*, de Watson y Austerberry (1986), centra la atención en la mirada de género ayudando a iniciar este camino. Posteriores aportaciones interesantes en esta dirección de autoras como Suzanne Fitzpatrick, Joanne Bretherson o Paula Mayock, en el Reino Unido y en Irlanda, nos aproximan a esta compleja realidad donde la violencia tiene un protagonismo esencial. En nuestro país, uno de los primeros estudios, *Mujeres sin hogar en España*, ya alertaba sobre la doble discriminación e invisibilización que enfrentan las mujeres en esta situación (Cabrera, 2000).

Otras investigaciones han aportado mayor evidencia científica y han permitido avanzar en la comprensión de este fenómeno; nos gustaría destacar la tesis de carácter etnográfico de María José Escudero (2001) donde documenta las realidades cotidianas de las mujeres en situación de sinhogarismo en Granada, centrándose en los desencadenantes y estrategias de supervivencia.

Estudios posteriores advierten de la visión androcéntrica que caracteriza el estudio del sinhogarismo, forjado a través de dos supuestos: el primero es el paradigma dominante de los hombres que invisibiliza a las mujeres; el segundo es el concepto de sin hogar, que se asume únicamente como situación de intemperie (Fernández y Gámez, 2013). Estas investigaciones destacan la necesidad de enfoques interseccionales para la comprensión de un fenómeno donde se entrelazan diversas discriminaciones de género, destacando factores como las desigualdades, la migración, la salud y la violencia.

En relación con las desigualdades hay que destacar las económicas y sociales que nos indican la relevancia de los factores estructurales donde se despliegan diversas limitaciones y barreras. Tal como nos indica Rosetti (2017), los cambios producidos por el mercado laboral y el impacto de las políticas de austeridad que se incrementan con la crisis económica intensifican las situaciones de empobrecimiento y falta de oportunidades de las mujeres. Estas situaciones que en buena parte quedan invisibilizadas, constituyen un tipo de violencia estructural de importantes repercusiones sociales para las mujeres (Galtung, 2016).

Un grupo especialmente vulnerable lo constituyen las mujeres migrantes en situación de sinhogarismo (Villa-Rodríguez, de la Fuente-Roldán y Sánchez-Moreno, 2023). Las situaciones de irregularidad administrativa, la precariedad laboral, las dificultades de acceso a la vivienda y la fragilidad en los soportes sociales incrementan el riesgo, limitando su acceso a los derechos básicos.

Diversos estudios también destacan que la vulnerabilidad aumenta cuando las mujeres tienen hijos/hijas a su cargo, pudiendo enfrentarse a diversas barreras para su cuidado que les llevan a la pérdida de su custodia (de la Fuente-Roldán, Fernández Maíllo y Sánchez Moreno, 2023; Matulič, Pascual y Zueras, 2020; Layna, Gandarias y Navarro, 2020). Dichas situaciones generan una espiral de pobreza en la que las mujeres y sus hijos/as se encuentran atrapados/as, lo que propicia una trasmisión intergeneracional de la pobreza en los hogares formados por madres solas; se pone de manifiesto otra realidad oculta, el sinhogarismo en las familias y especialmente en la infancia (Matulič *et al.*, 2023).

3.1. SALUD Y VULNERABILIDAD: EL IMPACTO DEL SINHOGARISMO EN LAS MUJERES

La salud de las mujeres en situación de sinhogarismo se ve gravemente afectada por las condiciones extremas en las que viven. Su riesgo de morbilidad y mortalidad es significativamente mayor que el de la población general, debido a enfermedades crónicas agravadas por la exposición prolongada a ambientes adversos y el acceso limitado a servicios de salud (Grammatikopoulou *et al.*, 2021).

Es común que padezcan enfermedades crónicas y discapacidades, muchas veces exacerbadas por la falta de atención médica adecuada, la mala alimentación y la carencia de higiene básica, lo que acelera su deterioro físico (Berrios-Ballesteros *et al.*, 2024; Matulič *et al.*, 2024; Milaney, Williams y Dutton, 2020). La invisibilización del sinhogarismo femenino agrava estas problemáticas, ya que muchas mujeres evitan los refugios mixtos por miedo y falta de privacidad, optando en su lugar por soluciones temporales, como quedarse con conocidos en condiciones inadecuadas (Bretherton y Mayock, 2021; Fondation Abbé Pierre y FEANTSA, 2023).

En cuanto a la salud mental, las tasas de ansiedad, depresión y estrés postraumático son alarmantemente elevadas, y suelen estar vinculadas tanto con el sinhogarismo como con vivencias previas de violencia y abuso (Duke y Searby, 2019). Las secuelas de estas experiencias violentas son profundas, afectando significativamente su bienestar psicológico (Bani-Fatemi *et al.*, 2020). Estas condiciones no solo agravan su vulnerabilidad, sino que también dificultan enormemente su recuperación e integración social.

La violencia de género es tanto causa como consecuencia del sinhogarismo femenino, perpetuando su inestabilidad emocional y física. Muchas de ellas abandonan sus hogares debido a la violencia (FEANTSA, 2021). Sin embargo, otras permanecen en situaciones abusivas y de vivienda insegura para evitar los riesgos asociados a vivir en la calle (Berrios-Ballesteros *et al.*, 2024).

Una vez en situación de calle, enfrentan un alto riesgo de violencia física y sexual, particularmente en refugios mixtos o en espacios públicos, agravado por la falta de recursos que favorezcan su protección (Nyamathi, Leake y Gelberg, 2000; Bretherton y Mayock, 2021), exponiéndolas a una continua amenaza de agresiones (Matulič, De Vicente Zueras y Caïs Fontanella, 2018).

Además, el sinhogarismo oculto, que implica vivir temporalmente con amistades y otros apoyos informales, no solo expone a las mujeres a formas menos visibles de violencia, sino que también limita su acceso a recursos de apoyo (Hail-Jares *et al.*, 2020), incrementando el impacto psicológico y social del abuso. Los modelos de atención informada por el trauma han demostrado ser eficaces en mitigar estos efectos, ofreciendo espacios seguros y sensibles al género donde las mujeres pueden iniciar su proceso de recuperación (FEANTSA, 2021).

El consumo de sustancias, como alcohol y otras drogas, es un factor significativo en la experiencia del sinhogarismo de las mujeres, actuando tanto como desencadenante como factor de consolidación de esta situación (Johnson, 1997). Durante la transición al sinhogarismo, el consumo puede intensificarse como mecanismo de afrontamiento frente al estrés y la inseguridad o como una estrategia de desconexión (Guillén *et al.*, 2020). Este patrón es especialmente común en mujeres jóvenes que intentan mitigar el impacto de experiencias traumáticas, lo que incrementa el riesgo de cronificación de su situación (Berrios-Ballesteros *et al.*, 2024; Milaney, Williams y Dutton, 2020). Para aquellas que han vivido largos periodos en la calle, el consumo problemático tiende a cronificarse, afectando gravemente su salud y reduciendo sus posibilidades de acceder a programas de rehabilitación o vivienda. Este fenómeno está estrechamente relacionado con la precariedad de las redes sociales y la inseguridad de los entornos en los que habitan (Richards y Kuhn, 2023).

El estigma y la discriminación hacia mujeres con problemas de salud mental o consumo de sustancias, junto con barreras estructurales en los servicios de salud, aumentan esta exclusión.

Esto genera desconfianza hacia los sistemas de salud y las aleja de los recursos disponibles, lo que perpetúa un ciclo de deterioro físico y mental (Bretherton y Mayock, 2021; Berrios-Ballesteros *et al.*, 2024; Matulič *et al.*, 2024; Reilly, Sweeney y Smith, 2022). Además, dichos servicios suelen carecer de enfoques específicos para atender las necesidades particulares de estas mujeres, como el cuidado de la salud sexual y reproductiva o la atención integral a experiencias traumáticas, lo que deja brechas significativas en la cobertura (Gelberg *et al.*, 2011). Los enfoques interseccionales y sensibles al trauma son clave para garantizar una atención más adecuada y equitativa (Fondation Abbé Pierre y FEANTSA, 2023) y contribuir a reducir las limitaciones existentes en la atención sanitaria (Fraser, 2023) y el deterioro progresivo del bienestar físico y mental de las mujeres (Matulič, De Vicente Zueras y Caïs Fontanella, 2018).

La recuperación de estas mujeres depende de la implementación de intervenciones que consideren tanto sus necesidades individuales como los factores sociales y estructurales que afectan su bienestar (Magwood *et al.*, 2019). En este sentido, modelos como el *Housing First* han demostrado ser efectivos (Wang *et al.*, 2019), al priorizar el acceso inmediato a una vivienda segura como base para mejorar su salud y estabilidad general, especialmente cuando se combinan con un enfoque sensible al género y al trauma (Milaney, Williams y Dutton, 2020). Ha mostrado resultados positivos cuando se adapta a las necesidades específicas de las mujeres, incluyendo apoyo profesional que fomente su empoderamiento y habilidades personales (Galán, Botija y Gallen, 2022). La participación en redes de apoyo comunitario también desempeña un papel esencial al proporcionar espacios seguros donde las mujeres puedan reconstruir relaciones, desarrollar habilidades y recuperar su autoestima (Bani-Fatemi *et al.*, 2020). Estas estrategias no solo mejoran la calidad de vida, sino que también refuerzan su capacidad para romper el ciclo de exclusión social y alcanzar una integración sostenible (FEANTSA, 2021; Galán, Botija y Gallen, 2022; Matulič, Munté-Pascual y Redondo-Sama, 2023).

3.2. LAS VIOLENCIAS QUE ATRAVIESAN SUS TRAYECTORIAS

La literatura científica apunta que la violencia atraviesa las trayectorias vitales de las mujeres en situación de sinhogarismo, convirtiéndose en la mayoría de los casos en un desencadenante directo del sinhogarismo (Bretherton y Mayock, 2021; FEANTSA, 2022a; Fernández y Gámez, 2013). Haber padecido violencia durante las primeras etapas de la vida por parte de sus progenitores o hermanos propicia la salida temprana de los hogares familiares (Mayock, Sheridan y Parker, 2015a), una normalización de la violencia a nivel relacional y un estado de indefensión aprendida, caracterizada por baja autoestima, depresión y autoculpabilización (Trindade, Mendes y Ferreira, 2020). Además, las mujeres en situación de sinhogarismo suelen experimentar una relación mutuamente reforzante entre el sinhogarismo y la violencia de género, evidenciándose un alto riesgo de sufrir nuevas formas de abuso mientras se encuentran en contextos de sinhogarismo oculto. Esta forma de vulnerabilidad refuerza las dificultades para romper el ciclo de la exclusión y la violencia, especialmente en aquellos casos donde las mujeres enfrentan necesidades complejas y recurrentes. La gran mayoría de mujeres que han iniciado sus trayectorias de vida en hogares donde la violencia familiar estaba muy presente son más propensas a una mayor vulnerabilidad y a las consecuencias posteriores relacionadas con la violencia de género (Riggs, Caulfield y Street, 2000).

En la investigación realizada por la Universidad de Barcelona se destaca que el 71,4% (de las 35 mujeres entrevistadas) eran víctimas de violencia, de las cuales el 42,8% habían relatado episodios de violencias familiares durante la infancia y la adolescencia. Cabe destacar también que el 34,3% han relatado relaciones de violencia sostenidas a lo largo de su vida (Matulič *et al.*, 2019a). De este grupo, más de la mitad habían tenido problemas graves de salud mental y de consumo de drogas a lo largo de sus trayectorias de exclusión residencial. La persistencia en el tiempo de la situación de estrés que significa la violencia durante todo su itinerario vital dificulta que estas mujeres puedan establecer un camino inverso hacia la recuperación. La gravedad de las consecuencias de estas situaciones iniciadas en la infancia y adolescencia requieren un abordaje que facilite la detección y la intervención precoz, así como de mecanismos que garanticen un correcto seguimiento a lo largo de la vida.

Los efectos de la violencia sobre la autoestima y la capacidad de recuperación forman parte de los sucesos vitales estresantes (SVE) relatados por las mujeres. Los SVE son el conjunto de experiencias vinculadas a las diversas pérdidas, rupturas, conflictos y dificultades relacionales, materiales y estructurales de diversa intensidad que impactan en las personas que lo padecen (Rodríguez *et al.*, 2016). Las mujeres que se encuentran en situación de sinhogarismo presentan 11 sucesos traumáticos a lo largo de la vida, frente a los 9 que presentan los hombres (ibíd.). La violencia en sus diversas formas se presenta como un elemento distintivo y detonante en los procesos vitales de las mujeres sin hogar que deben ser abordados de forma temprana y en clave de relatos biográficos (Matulič *et al.*, 2019b; Puente, 2022).

A las violencias padecidas por las mujeres en el ámbito privado o íntimo se deben sumar las de tipo estructural, que son las producidas por los diversos sistemas de atención (social, sanitario, policial y judicial) (Alonso, Palacios Ramírez e Iniesta Martínez, 2020; Bretherton y Mayock, 2021; FEANTSA, 2022a). Además, la falta de coordinación entre los servicios y políticas dirigidas a las personas en situación de sinhogarismo perpetúa dinámicas de exclusión, incrementando las desigualdades que enfrentan las mujeres (USICH, 2024). Investigaciones internacionales evidencian que los equipamientos de atención a personas en situación de sinhogarismo no están preparados para atender a mujeres que han sufrido violencia machista (Bretherton y Mayock, 2021). En muchas ocasiones, estos servicios están diseñados con un enfoque androcéntrico (AHAR, 2023), lo que genera múltiples barreras para que las mujeres accedan a un apoyo adecuado. Este diseño no solo limita la oferta de recursos, sino que también orienta los servicios a perfiles muy específicos, como madres solas o víctimas de violencia de género, dejando fuera a muchas mujeres en situación de sinhogarismo con necesidades igualmente urgentes. Además, la falta de una atención integral refuerza la invisibilidad de estas mujeres dentro de las políticas sociales y los dispositivos de atención existentes (Alcántara y Arredondo, 2024). Por ejemplo, la ausencia de espacios seguros y específicos en los refugios, junto con la carencia de personal capacitado en la atención a víctimas de violencia de género, perpetúan la vulnerabilidad de estas mujeres (FEANTSA, 2021). Además, la fragmentación entre los servicios sociales, de salud y vivienda limita el acceso a soluciones sostenibles, atrapando a estas mujeres en ciclos de exclusión institucional (USICH, 2023).

Pese a ello, algunas investigaciones sugieren que las mujeres usuarias de albergues y centros de acogida valoran de manera positiva las relaciones construidas con los y las profesionales del servicio (Andermann *et al.*, 2021), así como las normas y estructuras de estos espacios, ya que perciben en ellas cierta protección y reducción de riesgos (Mayock, Sheridan y Parker, 2015b). Sin embargo, desde una perspectiva general, estas experiencias suelen ser más negativas que positivas, ya que refuerzan la exclusión de las mujeres atendidas (Phipps *et al.*, 2019).

Como consecuencia, las mujeres que se encuentran en esta situación presentan un riesgo más elevado de quedar atrapadas dentro del sistema. Este atrapamiento no solo implica una dependencia prolongada de servicios inadecuados, sino también la exposición continua a dinámicas de exclusión y revictimización (FEANTSA, 2022b). Una reciente investigación de ámbito nacional (Matulič *et al.*, 2024), que analiza las barreras institucionales que impactan en las vidas de las mujeres en situación de sinhogarismo, arroja evidencias coincidentes con otros estudios que ponen de manifiesto cómo las políticas públicas y los sistemas de atención, lejos de mitigar las desigualdades, a menudo perpetúan dinámicas de exclusión y revictimización (McGeough, Walsh y Clyne, 2020). Entre las principales barreras identificadas, se encuentra la desconexión entre los servicios sociales y los sistemas de apoyo específicos para mujeres que han sufrido violencia de género (Kahan *et al.*, 2019).

4. CONCLUSIONES Y PROPUESTAS

La visión androcéntrica del fenómeno del sinhogarismo invisibiliza a las mujeres, lo que limita su acceso a recursos y dificulta la creación de políticas sociales inclusivas. Analizar sus necesidades y trayectorias permite articular estrategias de prevención y diseñar políticas sociales más equitativas.

Las mujeres en situación de sinhogarismo enfrentan procesos multidimensionales que requieren de intervenciones específicas. Es fundamental incorporar el enfoque de género, cultural y basado en el trauma para superar las deficiencias actuales en los sistemas de atención. Su salud, gravemente afectada por las condiciones extremas a las que están sometidas y a la falta de acceso a servicios adecuados, requiere de una respuesta integral que combine la atención sanitaria con apoyo psicosocial.

Además, estas mujeres enfrentan múltiples formas de discriminación (género, etnicidad, edad, situación migratoria, responsabilidad de cuidados) que agravan su exclusión y dificultan su proceso de recuperación. La falta de infraestructuras y programas adecuados perpetúa su vulnerabilidad, invisibilizando sus necesidades específicas.

Se trata, pues, de repensar las políticas sociales sectoriales implicadas en su atención, con una visión interseccional, que ofrezcan el marco adecuado para un nuevo enfoque de los servicios.

A continuación, se presentan una serie de propuestas orientadas a mejorar la atención y las oportunidades de recuperación de estas mujeres, basadas en un análisis crítico de la literatura científica y las experiencias identificadas en el ámbito práctico:

- Es necesario implementar políticas públicas de vivienda efectivas para garantizar la protección a los colectivos con mayor vulnerabilidad social, a través de medidas como el incremento de viviendas sociales y ayudas económicas para evitar la pérdida de la vivienda. Los procesos de exclusión residencial que presentan las mujeres se relacionan con la pobreza estructural y están vinculados a las dificultades de acceso y mantenimiento de la vivienda.
- Resulta necesario implementar sistemas de atención integrales que incorporen un enfoque específico de género, diseñados para responder a las necesidades particulares de las mujeres en situación de sinhogarismo, con especial atención a aquellas que han experimentado violencia de género. Estos sistemas deben garantizar una intervención efectiva, sensible y adaptada a sus realidades, que promueva su recuperación y reintegración social, atendiendo al ámbito relacional de manera específica.
- En cuanto a los espacios, deben garantizar un entorno seguro que prevenga la violencia y el abuso, al tiempo que ofrezcan servicios complementarios, como asesoramiento psicológico, actividades orientadas al empoderamiento personal y programas de formación laboral que promuevan su autonomía y recuperación.
- Las redes de apoyo comunitario y los programas de mentoría diseñados para promover la inclusión social, fortalecer el empoderamiento personal y fomentar el desarrollo de habilidades laborales en mujeres en situación de sinhogarismo podrían ser una estrategia útil para contribuir a su recuperación y mejorar su empleabilidad. Estas iniciativas deben incluir acciones enfocadas al autoconocimiento, la gestión del estrés y el desarrollo de competencias prácticas, brindando herramientas que faciliten su autonomía y reintegración social de manera sostenible.
- Se precisa diseñar servicios de salud adaptados a las necesidades específicas de las mujeres en situación de

sinhogarismo, proporcionando una atención integral y especializada. Estos servicios deben incluir, además de la atención médica general, cuidados enfocados en la salud sexual y reproductiva, así como apoyo psicológico, todo ello en un entorno que priorice la privacidad, el respeto y la dignidad de las usuarias.

- Se requiere establecer mecanismos de coordinación efectivos entre los sistemas de atención social, sanitario y de vivienda para garantizar una respuesta integral, coherente y sostenible a las necesidades específicas de las mujeres en situación de sinhogarismo. Estos mecanismos deben facilitar la colaboración interinstitucional, eliminar barreras de acceso y asegurar que los servicios ofrecidos estén alineados para abordar de manera integral las complejas realidades que enfrentan estas mujeres.
- La formación específica de los y las profesionales de los sistemas de atención resulta fundamental para abordar la realidad de las mujeres sin hogar y la violencia de género que enfrentan. Esta capacitación debe incluir conocimientos sobre exclusión y vulnerabilidad, así como herramientas prácticas para ofrecer una atención informada y respetuosa. Esto permitirá una respuesta integral, minimizando la revictimización y promoviendo la seguridad, empoderamiento y acceso a recursos que faciliten la recuperación y autonomía de las usuarias.
- La investigación es fundamental para comprender en profundidad el sinhogarismo femenino, sus causas y consecuencias. Un análisis riguroso revela las dinámicas específicas de exclusión y las necesidades particulares de las mujeres, a menudo invisibilizadas. Esta evidencia es esencial para diseñar políticas y programas de intervención efectivos, basados en datos, que aborden las desigualdades estructurales y proporcionen soluciones sostenibles para este complejo problema social.
- Es imprescindible visibilizar y replicar las buenas prácticas en la atención a mujeres en situación de sinhogarismo.

Compartir estas iniciativas a través de encuentros profesionales permite su análisis y adaptación a diversos contextos. La evaluación rigurosa de estas prácticas es fundamental para demostrar su eficacia y convertirlas en modelos replicables, mejorando así la atención integral a las mujeres en situación de sinhogarismo.

BIBLIOGRAFÍA

Adelantado, J. (2007): "Las políticas sociales", en *Materiales interpretativos e interactivos sobre una política para una ciudadanía activa*, Universidad de Salamanca.

Alcántara Carrillo, A. y Arredondo Quijada, R. (2024): "La invisibilidad de las mujeres sin hogar: Investigación con perspectiva de género", *Revista de Trabajo Social*, (100), pp. 29-55, en https://n9.cl/3h6nf.

Alonso Pardo, A.; Palacios Ramírez, J. e Iniesta Martínez, A. (2020): "Mujeres sin hogar en España. Narrativas sobre género, vulnerabilidad social y efectos del entramado asistencial", *OBETS, Revista de Ciencias Sociales*, 17(2), pp. 375-404, en https://n9.cl/wumq8y.

Andermann, A. *et al.* (2021): "Evidence-informed interventions and best practices for supporting women experiencing or at risk of homelessness: a scoping review with gender and equity analysis", *Health promotion and chronic disease prevention in Canada: research, policy and practice*, 41(1), pp. 1-13, en https://n9.cl/ob3ua.

Bani-Fatemi, A. *et al.* (2020): "Supporting female survivors of gender-based violence experiencing homelessness: Outcomes of a health promotion psychoeducation group intervention", *Frontiers in Psychiatry*, 11, en https://n9.cl/i2lz20.

Berrios-Ballesteros, A. *et al.* (2024): "Estado de salud, discapacidad y consumo de sustancias entre las mujeres sin hogar en Nicaragua", *Revista Población y Salud en Mesoamérica*, 22(1), en https://n9.cl/osfa7s.

Bretherton, J. y Mayock, P. (2021): *Women's Homelessness: European Evidence Review*, Bruselas, FEANTSA, en https://n9.cl/1mkaux.

Bullen, J. (2019): *Didn't feel heard, didn't think I Had a voice, didn't feel safe: Gender responsive strategies for assisting women experiencing long-term and recurrent homelessness*, Sídney, NSW: The Mercy Fundation.

Busch-Geertsema, V. (2014): "Housing First Europe–Results of a European Social Experimentation Project", *European Journal of Homelessness*, 8(1), pp. 13-28, en https://n9.cl/p2nso.

Cabrera, P. J. (2000): *Mujeres sin hogar en España. Informe Nacional para FEANTSA 1999*, Madrid, Universidad Pontificia de Comillas.

Cabrera, P. y Rubio, M. J. (2008): "Las personas sin hogar, hoy", *Revista del Ministerio de Trabajo e Inmigración*, 75, pp. 51-74.

Cortés, L. y Martínez, C. (2008): "Los hogares jóvenes ante los retos de la independencia: el filo de la exclusión", *Observatorio Joven de Vivienda En España*, pp. 1-11.

Damonti, P. (2014): "Una mirada de género a la exclusión social", en Fundación FOESSA, *VII Informe sobre exclusión y desarrollo social en España*, documento de trabajo 3.1, en https://n9.cl/otqoa.

De Inés, A. *et al.* (2019): *El sensellarisme a Barcelona. Evolució i joves en situació de sensellarisme*, Xarxa d'Atenció a les Persones Sense Llar y Ajuntament de Barcelona, en https://n9.cl/jofdl.

De la Fuente-Roldán, I. (2022): "La realidad conceptual del sinhogarismo. Reflexiones para un abordaje comprehensivo", *Cuadernos de Trabajo Social*, 36(1), pp. 61-71, en https://n9.cl/3be20c.

De la Fuente-Roldán, I. N.; Fernández Maíllo, G. y Sánchez Moreno, E. (2023): Más allá de la vivienda. Migración y sinhogarismo, Madrid, Red FACIAM, en https://n9.cl/5yt1xb.

Díaz González, J. M. y Rodríguez Ramos, P. A. (2023): "Las personas sin hogar. Retos para la intervención desde el Trabajo Social", *Itinerarios De Trabajo Social*, (3), pp. 31-39, en https://n9.cl/55zqe.

Díaz González, J. M. *et al.* (2023): *La intervención profesional con personas en situación de sinhogarismo. Manual operativo para profesionales del ámbito social*, Sevilla, McGraw Hill, Aula Magna: Proyecto Clave.

Dominelli, L. (2002): *Feminist social work. Theory and practice*, Londres, Palgrave Macmillan.

Duke, A. y Searby, A. (2019): "Mental ill health in homeless women: a review", *Issues in Mental Health Nursing*, 40, pp. 605-612, en https://n9.cl/8k9e7.

Escudero, M. J. (2003): *Mujeres sin hogar en Granada. Un estudio etnográfico*, Granada, Editorial Universidad de Granada.

Eurostat (s.f.): *Statistical. Social protection*, en https://n9.cl/wc5gm2.

Fantova, F. (2014): *Diseño de políticas sociales. Fundamentos, estructura y propuestas*, Madrid, Editorial CSS.

FEANTSA (2017): *European Typology of Homelessness and Housing Exclusion*, en https://n9.cl/lvq7u.

— (2022a): *Housing first & women. Case studies from across Europe*, en https://n9.cl/j2zfh.

— (2022b): *Guide for Developing Effective Gender-Responsive Support and Solutions for Women Experiencing Homelessness*, en https://n9.cl/p90pz6.

Fernández-Rasines, P. y Gámez-Ramos, T. (2013): La invisibilidad de las mujeres sin hogar en España. Revista de Psicología, 22(2), 42-52, en https://n9.cl/add1z.

Fondation Abbé Pierre y FEANTSA (2023): *Eighth overview of housing exclusion in Europe 2023*, en https://n9.cl/eqnq3.

Fraser, K. (2023): *Everyone Deserves a Sanctuary: Alienation as a Barrier to the Health and Healing of Older Women Who Experienced Homelessness*, tesis doctoral, University of Victoria Repository, en https://n9.cl/k75ls.

Galán, A.; Botija, M. y Gallen, E. (2022): "Necesidades y propuestas en la intervención social con mujeres sin hogar", *Cuadernos de Trabajo Social*, 35(2), pp. 149-159, en https://n9.cl/evjuz.

Gámez Ramos, T. (2017): *Personas sin hogar. Un análisis de género del sinhogarismo*, Málaga, UMA.

Galtung, J. (2016): "La violencia cultural, estructural y directa", *Cuadernos de Estrategia*, 183, pp. 147-168, en https://n9.cl/snxkp.

Gelberg, L. *et al.* (2011): "Competing priorities as a barrier to medical care among homeless adults in Los Angeles", *American Journal of Public Health*, 87(2), pp. 217-220, en https://n9.cl/wd8vo.

Grammatikopoulou, M. G. *et al.* (2021): "Health status of women affected by homelessness: A cluster of in concreto human rights violations and a time for action", *Maturitas*, 154, pp. 31-45, en https://n9.cl/2dwez.

Guillén, A. I. *et al.* (2020): "Substance use, stressful life events and mental health: a longitudinal study among homeless women in Madrid (Spain)", *Addictive Behaviors*, 103(1), en https://n9.cl/ztcbho.

Gutiérrez Sastre, M.; Calzada Gutiérrez, I. y Caro Blanco, F. (2024): ¡El bienestar social y el papel de los Servicios Sociales. Retos y dificultades en la coordinación", en J. Garcés Ferrer (ed.), *Tratado General de Trabajo Social, Servicios Sociales y Política Social*, vol. II, pp. 967-998, Valencia, Tirant Humanitats.

Hail-Jares, K.; Vichta-Ohlsen, R. y Nash, C. (2020): "Safer inside? Comparing the experiences and risks faced by young people who couch-surf and sleep rough", *Journal of Youth Studies*, 24, pp. 305-322, en https://n9.cl/drfvn.

INE (2022): *Encuesta a las personas sin hogar (centros)*, en https://n9.cl/5pgre.

Johnson, T. *et al.* (1997): "Substance abuse and homelessness: social selection or social adaptation?", *Addiction*, 92(4), pp. 437-45, en https://n9.cl/3lkwn.

Kahan, D. *et al.* (2019): "Implementing a trauma-informed intervention for homeless female survivors of gender-based violence: Lessons learned in a large Canadian urban centre", *Health & social care in the community*, en https://n9.cl/18kjyv.

Layna, N.; Gandarias, I. y Navarro, M.A. (2020): "Atrapadas en una espiral de precariedad y exclusión: trayectorias de mujeres inmigrantes en programas residenciales para mujeres con menores a cargo", *Zerbitzuan*, 72, pp. 19-33, en https://n9.cl/xl7c8.

Magwood, O. *et al.* (2019): "Common trust and personal safety issues: A systematic review on the acceptability of health and social interventions for persons with lived experience of homelessness", *PLoS ONE*, 14, en https://n9.cl/larc9k.

Matulič Domandzič, M. V.; De Vicente Zueras, I. y Caïs Fontanella, J. (2018): "Relatos de vida de personas sin hogar en la ciudad de Barcelona: Desafiliación social y salud", *Comunitania: Revista Internacional de Trabajo Social y Ciencias Sociales*, 16, pp. 141-160, en https://n9.cl/9s92q.

Matulič-Domandzič, M. V.; Munté-Pascual, A. y de Vicente Zueras, I. (2020): "Sinhogarismo femenino: una aproximación a la intersección entre género, edad y procesos migratorios", *Research on Ageing and Social Policy*, 8(1), pp. 57-85, en https://n9.cl/eecoio.

Matulič-Domandzič, M. V.; Munté-Pascual, A. y Redondo-Sama, G. (2023): "Las redes de apoyo y solidaridad en la intervención con personas sin hogar. Trabajo social en la sociedad contemporánea", en F. J Ródenas Rigla *et al.* (eds.), *Ética, cuidado y digitalización*, Valencia, Tirant Humanidades, pp. 169-192.

Matulič-Domandzič, M. V. *et al.* (2019a): "Las mujeres sin hogar: realidades ocultas de la exclusión social", *Trabajo Social Global-Global Social Work*, 9(16), pp. 49-68, en https://n9.cl/iq33cn.

— (2019b): *Dones en situació de sense llar a la ciutat de Barcelona*, Badalona, Célebre Editorial.

— (2023): "Las familias sin un hogar: una realidad invisible, en M. Botija, G. M. Caravantes y E. Matamala (eds.), *Las realidades (in)visibilizadas de los sinhogarismos*, Valencia, Tirant Lo Blanc.

— (2024): "Desafiando el silencio: mujeres sin hogar, violencia de género y las barreras institucionales a debate", *Revista Prisma Social*, (44), pp. 4-30, en https://n9.cl/d3d6z.

Mayock, P.; Sheridan, S. y Parker, S. (2015a): *The dynamics of long-term homelessness among women in Irland. Women and Homelessness*, Dublín, Dublin Region Homeless.

— (2015b): "'It's just like we're going around in circles and going back to the same thing…': The dynamics of women's unresolved homelessness", *Housing Studies*, 30(6), pp. 877-900, en https://n9.cl/rmwga.

McGeough, C.; Walsh, A. y Clyne, B. (2020): "Barriers and facilitators perceived by women while homeless and pregnant in accessing antenatal and or postnatal healthcare: A qualitative evidence synthesis", *Health & Social Care in the Community*, en https://n9.cl/x5oyk.

Milaney, K.; Williams, N. y Dutton, D. J. (2020): "A qualitative study of life experiences of homelessness, mental health, and substance use", *Public Health*, 181, pp. 125-129, en https://n9.cl/n8djd.

Montagut, T. (2008): *Política social. Una introducción*, Barcelona, Editorial Ariel.

Moriana Mateo, G. (2021): "Barreras que impiden a las migrantes institucionalizadas escapar de la violencia de género", *Interacción y Perspectiva*, 11(1), pp. 20-37, en https://n9.cl/3tr4a.

Nyamathi, A.; Leake, B. y Gelberg, L. (2000): "Sheltered versus nonsheltered homeless women", *Journal of General Internal Medicine*, 15, pp. 565-572, en https://n9.cl/x1hx3.

Penya i Guilarte, M. y Maranillo-Castillo, L. (2022): "Invisibles, vulnerables, pero resilientes: Mujeres migrantes en situación de sinhogarismo y estrategias de supervivencia femeninas", *Feminismo/s*, 40, pp. 305-335, en https://n9.cl/p6mham.

Phipps, M. *et al.* (2019): "Women and homelessness, a complex multidimensional issue: findings from a scoping review", *Journal of Social Distress and the Homeless*, pp. 1-13, en https://n9.cl/94dkeb.

Pittini, A. (2019): *The State of Housing in the EU 2019*, Bruselas, Housing Europe, en https://n9.cl/ydq7j.

Platero, L. (2012): "Son las políticas de igualdad permeables a los debates sobre la interseccionalidad", *Revista del CLAD, Reforma y Democracia*, 52, pp. 135-172.

Puente Guerrero, P. (2022): "El sinhogarismo desde una perspectiva de género. especial referencia a las experiencias de violencia a lo largo de la vida", *Revista de Derecho Penal y Criminología*, (27), en https://n9.cl/bgdgn.

RAIS (2018): *La discriminación de las personas en situación de sinhogarismo como barrera de acceso a recursos*, en https://n9.cl/6yzko.

Reilly, J.; Sweeney, L. A. y Smith, D. P. (2022): "A systematic review of the effect of stigma on the health of people experiencing homelessness", *Health and Social Care in the Community*, 30(1), pp. 36-45, en https://n9.cl/lxi52.

Richards, R. y Kuhn, R. (2023): "Unsheltered homelessness and heallth: A literature review", *AJPM Focus. Elsevier BV*, en https://n9.cl/nrom6.

Riggs, D. S.; Caulfield, M. B. y Street, A. E. (2000): "Risk for domestic violence: factors associated with perpetration and victimization", *Journal of Clinical Psychology*, 56(10), pp. 1289-1316, en https://n9.cl/qfn3k9.

Rodríguez Moreno, S. I. *et al.* (2016): "Sucesos vitales estresantes en mujeres en situación sin hogar", en *Mujeres e investigación. Aportaciones interdisciplinares. VI Congreso Universitario Internacional de Investigación y Género*, Sevilla, Universidad de Sevilla.

Rosetti, N. (2017): "Exclusión social, políticas de inclusión y desigualdades de género", *Barcelona Societat*, 21, pp. 1-14, en https://n9.cl/2cy2hb.

Sales, A. y Guijarro, L. (2017): "Dones sense llar: la invisibilització de l'exclusió residencial femenina", *Barcelona I Societat*, 21, pp. 81-89, en https://n9.cl/vogsr.

Trindade, I. A.; Mendes, A. L. y Ferreira, N. B. (2020): "The moderating effect of psychological flexibility on the link between learned helplessness and depression symptomatology: A preliminary study", *Journal of Contextual Behavioral Science*, 15, pp. 68-72, en https://n9.cl/b38va.

U.S. Department of Housing and Urban Development (2023): *The 2023 Annual Homelessness Assessment Report (AHAR) to Congress: Part 1 - Point-in-Time Estimates of Homelessness*, en https://n9.cl/5622v.

United States Interagency Council on Homelessness (2024): *Performance and Accountability Report for Fiscal Year 2024*, en https://n9.cl/vzbo6.

Villa-Rodríguez, K. G.; De la Fuente-Roldán, I. N. y Sánchez-Moreno, E. (2023): "Una aproximación a la exclusión residencial que afecta a las mujeres migrantes: el sinhogarismo oculto", *Revista OBETS*, 18(2), pp. 397-418, en https://n9.cl/zb77t.

Wang, J. *et al.* (2019): "The impact of interventions for youth experiencing homelessness on housing, mental health, substance use, and family cohesion: a systematic review", *BMC Public Health*, 19, en https://n9.cl/su881.

Watson, S. y Austerberry, H. (1986): *Housing and Homelessness: A Feminist Perspective*, Londres, Routledge.

CAPÍTULO 2

COLECTIVO LGTBIAQ+ Y SINHOGARISMO

DANIEL FERNÁNDEZ ROSES

Universidad Pontificia de Comillas

En la última década, más de 33.000 personas en nuestro país viven en situación de sinhogarismo (Gobierno de España, 2023). Este fenómeno abarca esferas sociales, históricas, económicas y culturales, y se define como una forma extrema de exclusión social, influenciada por factores convivenciales, familiares, relacionales, asistenciales y personales (de la Fuente-Roldán, 2023). Por tanto, es esencial concebirlo como una concatenación de situaciones de exclusión residencial, que van desde la imposibilidad de acceder a una vivienda digna hasta dormir en la calle (Daly, 2018). El término *personas en situación de sinhogarismo* describe las condiciones estructurales que empujan a la exclusión social, evitando así individualizar a quienes se encuentran en estas circunstancias.

La Agencia de los Derechos Fundamentales de la Unión Europea (FRA) estima que en la Unión Europea uno de cada cinco jóvenes LGTBIAQ+ se encuentra sin hogar, y uno de cada tres en el caso de las personas trans, alcanzando casi el 40% para las personas intersexuales (Ritosa *et al.*, 2021). Además, la FRA (EU-LGBTI, 2020) indica que, de 140.000 encuestados de toda Europa, el 43% de las personas LGTBIAQ+ mayores de 18 años y el 60% de las personas trans experimentan discriminación en su vida cotidiana.

Sin embargo, según el Estudio sociológico de las personas LGBTI sin hogar (Giménez Rodríguez *et al.*, 2019), impulsado por la Universidad Rey Juan Carlos, en España no existen datos acerca de la población sin hogar perteneciente al colectivo LGTBIAQ+, ya que las encuestas que se hacen en las diferentes ciudades no especifican la diversidad en la identidad de género o la orientación sexual.

Dada esta realidad, cabe preguntarse si tanto la intervención como los recursos responden a esta problemática. Más aun cuando el colectivo LGTBIAQ+ no es un grupo homogéneo y en una misma persona se puede dar de forma aislada diferentes perfiles como jóvenes, inmigrantes, personas LGBTIQ+, mujeres, parados de larga duración. Sin duda, las mujeres trans en situación de sinhogarismo constituyen el grupo más vulnerable tanto dentro como fuera de este colectivo.

En este reconocimiento de la heterogeneidad es precisamente donde se manifiesta con mayor intensidad la discriminación múltiple, el conjunto de circunstancias que se interrelacionan en la formación de la misma identidad, y que requiere la necesidad de un abordaje interseccional.

1. FUNDAMENTOS TEÓRICOS DEL SINHOGARISMO EN LAS DIVERSIDADES SEXOGENÉRICAS

1.1. CONCEPTUALIZACIÓN DEL SINHOGARISMO Y DIVERSIDADES SEXOGENÉRICAS

En el ámbito de la Unión Europea, la tipología ETHOS (Amore, Baker y Howden-Chapman, 2011) define el sinhogarismo como un fenómeno amplio que engloba a personas sin hogar, en viviendas inseguras o en viviendas inadecuadas. Esta definición es defendida por FEANTSA (Federación Europea de Organizaciones Nacionales que trabajan con Personas sin Hogar) y ha sido analizada por Busch-Geertsema (2010) y Amore, Baker y Howden-Chapman (2011).

En España, la Constitución garantiza el derecho a la vivienda en su artículo 47; además, el sinhogarismo vulnera derechos como la seguridad (art. 17), la salud (art. 43), el empleo (art. 35) y la dignidad (art. 10). A este marco se suma la Ley 4/2023, de 28 de febrero, para la igualdad real y efectiva de las personas trans y la garantía de los derechos de las personas LGTBI. Su artículo 75 regula las medidas de prevención y detección precoz del sinhogarismo en personas LGTBI, y destaca la importancia de estudiar los factores que conducen a este colectivo a carecer de hogar, y la necesidad de capacitación específica para personal que trabaje con ellos. Además, insta a prevenir delitos e incidentes de odio, reforzando la protección frente a la discriminación por orientación sexual o identidad de género.

Asimismo, la Ley 12/2023, de 24 de mayo, por el derecho a la vivienda incluye por primera vez una definición de sinhogarismo. Ello unifica el concepto para todas las administraciones y subraya su relación con la vivienda.

En la Comunidad de Madrid, se aprobaron la Ley 2/2016, de 29 de marzo, de Identidad y Expresión de Género e Igualdad Social y no Discriminación, y la Ley 3/2016, de 22 de julio, de Protección Integral contra la LGTBIfobia y la Discriminación por Razón de Orientación e Identidad Sexual, leyes que subrayan la necesidad de visibilizar realidades LGTBIAQ+ en situación de vulnerabilidad tanto en la investigación como en las estadísticas, y otros espacios sociales y de la cultura (bibliotecas, arte, deporte, etc.).

En conclusión, estas normas recogen la relevancia de investigar, visibilizar y prevenir el sinhogarismo en las diversidades sexogenéricas. Reconocen también la necesidad de recopilar datos y promover la formación de profesionales, lo que facilita la implantación de políticas y medidas específicas, confirmando que el sinhogarismo no es un problema aislado, sino un fenómeno complejo con una fuerte relación con la falta de vivienda y con diversas formas de exclusión.

1.2. LA ASINCRONÍA ENTRE ENTIDADES Y ORGANIZACIONES

Muchas organizaciones que trabajan con personas sin hogar no han prestado la debida atención a la diversidad sexual e identidad de género de su población usuaria. Esta falta de sincronía lleva a cuestionar si la respuesta institucional responde a sus necesidades específicas, como la ausencia de recursos residenciales adecuados.

Las reflexiones de Fricker (2007) cobran relevancia aquí. Para ella, la injusticia no es solo ausencia de justicia, sino que implica la intencionalidad de silenciar o ignorar ciertas voces. Las mujeres trans sin hogar ilustran esta injusticia, siendo el grupo más vulnerable. Fricker (2007) distingue tres formas de injusticia:

- Injusticia activa: negligencia en la acción del individuo de una institución (obrar mal) o desde la inacción (responsabilidad por omisión, no proteger a alguien cuando se debería hacerlo).
- Injusticia pasiva: inacción o silencio, no impedir que se den situaciones de injusticia, sin participar de forma activa. Es el fallo cívico (una forma de individualismo) de no impedir situaciones de injusticia se produzcan.
- Injusticia estructural: se suele pensar que las personas en situación de extrema vulnerabilidad lo son por causas azarosas o porque se lo merecen. Nunca se suele pensar que no es ni lo uno ni lo otro, que son sufridoras de procesos de vulnerabilidad e injusticia sociales estructural. No hay responsabilidad individual, son procesos que pertenecen al capitalismo y al patriarcado.

Las políticas públicas para la injusticia social en todas las instituciones deben ser transversales. De esta manera, será posible hacer un estudio con perspectiva de género sobre qué aspectos se están quedando fuera. En definitiva, recabar datos.

No obstante, no hay un único observatorio que nos diga cuantas víctimas de LGTBIfobia hay en España. Es conocida la narrativa de que si este tipo de estadísticas dependiera del Estado sería algo sensible para manipular los datos con intereses políticos, algo que ya sucedió cuando se planteó cerrar el Observatorio Madrileño Contra la LGTBfobia para dárselo al Ayuntamiento de

Madrid. Y si además entendemos que los colectivos son entidades independientes, tendría más razón de ser que fueran estas organizaciones las que deben unir sus observatorios más que ofrecérselos a una Administración que podría interpretar los datos según su propio interés.

En el estudio de Giménez Rodríguez *et al.* (2019), las causas que se aprecian como significativas en la pérdida de residencia de las personas LGTBI son la discriminación por identidad de género u orientación sexual, y la discriminación motivada y justificada por factores culturales, sociales, y económicos. En relación con los factores estructurales culturales, se encuentra el rechazo a los valores que se desvían de la heteronormatividad instaurada como hábito en la estructura cultural.

Teniendo en cuenta los factores estructurales sociales de discriminación, podemos destacar la invisibilidad de la diversidad sexual y de género en el ámbito del sistema de educación, que no contempla una educación transversal en la diversidad sexual y de género que normalice esta realidad. Asimismo, cabe destacar las barreras legales y económicas que siguen existiendo para llevar a cabo la reasignación de sexo. También se encuentran los conflictos familiares, surgidos por la no aceptación de aquellos miembros que están al margen. Debido a este rechazo la consecuencia más visible es la expulsión del domicilio familiar y la ruptura de la red familiar de apoyo.

No debe olvidarse que una de las partes del colectivo más vulnerable está habitada por mujeres trans en situación de calle, y actualmente muchos de estos nuevos perfiles en situación de sinhogarismo se encuentran en esta situación por la actividad económica provocada por la pandemia del coronavirus. Esta realidad no está encima de la mesa porque no se la considera como una identidad reconocida, sus demandas no son escuchadas y además parte de un colectivo que reivindica derechos para el conjunto de la sociedad y otros aliados institucionales no reconocen esa realidad, lo que acaba provocando la perpetuación del aislamiento.

Sabiendo esto se deben estudiar todos estos factores en conjunto poniendo en el centro la vivencia personal de cada una de las personas. ¿Qué preguntas se deben hacer para comprender estas realidades y que puedan llevar a medio largo plazo a la implantación de políticas sociales para mejorar la situación de estas personas?

1.3. INTERSECCIONALIDAD COMO MARCO DE ANÁLISIS

La interseccionalidad es fundamental para entender el sinhogarismo en las diversidades sexogenéricas. Crenshaw (2022) introduce este concepto para analizar cómo distintas formas de opresión y discriminación —racismo, sexismo, homofobia, transfobia y xenofobia— convergen y se superponen. Este marco nos ayuda a identificar las múltiples capas de vulnerabilidad que enfrentan las personas LGTBIAQ+ en situación de sinhogarismo.

Las personas de las diversidades sexogenéricas no viven el sinhogarismo de forma aislada. Su situación emerge de la confluencia de exclusiones sociales que actúan simultáneamente. Por ejemplo, una mujer trans migrante puede sufrir discriminación por su identidad de género, su procedencia y su estatus migratorio, lo que dificulta todavía más su acceso a una vivienda digna y a servicios de apoyo (Pérez Ripossio, 2023). La interseccionalidad reconoce que estas opresiones no operan por separado, sino que se refuerzan unas a otras, intensificando la vulnerabilidad.

Aplicar un enfoque interseccional en el análisis del sinhogarismo permite visibilizar la influencia de las normas heteronormativas y cisnormativas, así como de otras estructuras de poder, en la exclusión de las diversidades sexogenéricas. Como señala Butler (2005), las identidades de género y sexualidad se construyen socialmente dentro de relaciones de poder. Al cuestionar estas construcciones, podemos comprender mejor cómo las estructuras sociales excluyentes conducen a las personas LGTBIAQ+ a situaciones de sinhogarismo.

Este enfoque también pone de relieve que no todas las personas LGTBIAQ+ experimentan el sinhogarismo de igual manera.

Factores como la edad, la etnia, la clase social, la discapacidad o el estatus migratorio se entrelazan con la identidad de género y la orientación sexual. Estas combinaciones generan experiencias de exclusión y vulnerabilidad únicas. Por ejemplo, los jóvenes LGTBIAQ+ expulsados de sus hogares por su familia afrontan desafíos distintos a los de las personas mayores LGTBIAQ+, que a menudo carecen de redes de apoyo (Russell y Fish, 2016).

La comprensión interseccional del sinhogarismo en las diversidades sexogenéricas resulta clave para diseñar y aplicar políticas públicas y programas de intervención efectivos. Las soluciones estandarizadas, que no contemplan las múltiples formas de opresión, pueden llegar a ser ineficaces o incluso perjudiciales. Es preciso contar con estrategias que reconozcan las necesidades específicas de cada subgrupo de la comunidad LGTBIAQ+. De este modo, se promueve una atención más justa e inclusiva, capaz de responder con eficacia a la diversidad de experiencias dentro de este colectivo.

2. FACTORES ESTRUCTURALES QUE CONTRIBUYEN AL SINHOGARISMO EN PERSONAS LGTBIAQ+

2.1. DISCRIMINACIÓN SISTÉMICA Y EXCLUSIÓN SOCIAL

La discriminación sistémica contra las personas LGTBIAQ+ está profundamente arraigada en las estructuras sociales, políticas y económicas. No se limita a actos individuales de prejuicio, sino que se institucionaliza mediante leyes, políticas públicas, prácticas oficiales y normas culturales. Estas dinámicas marginan y excluyen a este colectivo de forma constante.

Las instituciones ejercen un papel clave en mantener esta discriminación. En el ámbito legal, España ha logrado avances significativos en materia de derechos LGTBIAQ+, como la ya citada Ley 4/2023. Sin embargo, persisten lagunas y deficiencias en su aplicación, como por ejemplo la realidad de las personas no binarias. Pese a ello, muchas siguen expuestas a exclusiones concretas en la educación, el empleo y la salud.

Además, las políticas públicas rara vez contemplan las necesidades de las personas LGTBIAQ+ en situación de vulnerabilidad. Los programas de vivienda y los servicios sociales no suelen incluir protocolos inclusivos que aborden las particularidades de este colectivo. Un ejemplo es la escasa formación en diversidad sexual y de género entre el personal de atención, que puede llevar a prácticas discriminatorias, voluntarias o no (Lara-Garrido, Rivarola y Álvarez-Bernardo 2024).

La heteronormatividad y la cisnormatividad son conceptos fundamentales para comprender esta exclusión. La heteronormatividad asume la heterosexualidad como la única orientación sexual válida y normaliza las relaciones heterosexuales como el estándar (Warner, 1993). La cisnormatividad, por su parte, asume que todas las personas se identifican con el género asignado al nacer, invisibilizando a personas trans y de género no binario (Enke, 2012). Estas normas se manifiestan en varios ámbitos:

- Educación: frecuentemente, los planes de estudio omiten o presentan de forma negativa las identidades LGTBIAQ+. Esto genera entornos hostiles y estigmatiza a estudiantes que se identifican con este colectivo, fomentando el abandono escolar y limitando oportunidades (UNESCO, 2016).
- Salud: la falta de formación en diversidad sexual y de género entre profesionales puede ocasionar atenciones inadecuadas o discriminatorias. Las personas trans enfrentan obstáculos para acceder a tratamientos de afirmación de género y pueden verse expuestas a prácticas patologizantes (American Psychological Association, 2015).
- Empleo: muchas personas LGTBIAQ+ sufren discriminación laboral. Según Lucas Platero (2009), un alto porcentaje de personas trans declara haber experimentado discriminación en la selección de personal o en el lugar de trabajo, lo que impide su acceso a ingresos estables y vivienda digna.

- Justicia y seguridad: las fuerzas de seguridad y el sistema judicial a veces perpetúan la discriminación a través de perfiles raciales y de género, violencia institucional y falta de protección ante delitos de odio. Denuncias por agresiones motivadas por LGTBIfobia pueden no ser tomadas en serio, generando desconfianza hacia las instituciones (Escobar, 2021).

Un ejemplo histórico de legislación discriminatoria es la Ley de peligrosidad y rehabilitación social, vigente en España hasta 1995, que penalizaba la homosexualidad y la transexualidad. A pesar de su derogación, sus consecuencias sociales y culturales siguen afectando a generaciones actuales y fortalecen prejuicios.

La heteronormatividad y la cisnormatividad tienen un impacto profundo en la exclusión social. Estas normas marginalizan a las personas LGTBIAQ+ y refuerzan prácticas discriminatorias. La presión para cumplir roles y expresiones de género tradicionales puede llevar al rechazo familiar, al aislamiento y a problemas para integrarse en la comunidad. Esa presión fomenta estrés, deterioro de la salud mental y aumenta el riesgo de sinhogarismo (Meyer, 2003).

En los servicios de atención al sinhogarismo, la ausencia de protocolos inclusivos y espacios seguros empeora la situación de las personas LGTBIAQ+. Albergues segregados por género que no reconocen la identidad de las personas trans o personal sin formación en diversidad pueden generar revictimización y violencia en los mismos lugares destinados a su protección (Mottet y Ohle, 2003). En Madrid, solo existe un centro residencial público para personas sin hogar con un proyecto específico para personas LGTBIAQ+, el Centro Residencial San Martín de Porres, cuyas limitaciones hacen que el recurso llegue a una parte muy pequeña de la población LGTBIAQ+ en situación de sinhogarismo en la capital.

Lograr un cambio estructural exige rediseñar políticas, concienciar y adoptar leyes inclusivas.

2.2. RUPTURA DE REDES DE APOYO FAMILIAR Y SOCIAL

La familia y las redes de apoyo social son cruciales para el bienestar de cualquier persona. Sin embargo, muchas personas LGTBIAQ+ sufren rechazo familiar tras revelar su orientación sexual o identidad de género, lo que provoca la ruptura de lazos emocionales y económicos. Este problema es aún más grave durante la juventud, cuando la dependencia familiar es mayor.

La revelación de la identidad u orientación, aunque significativa, puede desencadenar reacciones negativas. Estudios señalan que el rechazo familiar se asocia con daños en la salud mental, consumo de sustancias y mayor riesgo de conductas suicidas (Ryan *et al.*, 2009). En situaciones extremas, la persona puede ser expulsada del hogar, quedando sin recursos. Esta circunstancia afecta sobre todo a jóvenes sin medios ni experiencia para enfrentar la independencia (Castellanos, 2016).

Perder las redes de apoyo familiar impacta de forma profunda. Durante la adolescencia, la familia aporta sustento económico y contención emocional. Al romperse esos vínculos, es frecuente el aislamiento, los problemas académicos y el freno al desarrollo personal (Cochran *et al.*, 2002). En la adultez, no contar con un sistema de apoyo sólido aumenta las probabilidades de precariedad económica y exclusión social. Para las personas mayores LGTBIAQ+, la soledad puede empeorar cuando los cuidados dependen, en gran medida, de la familia (Miller, 2023).

La discriminación social limita además la creación de nuevas redes de apoyo. El temor a la hostilidad impide la participación en comunidades o el uso de servicios de asistencia. Esto genera un círculo vicioso donde la falta de apoyo fomenta la vulnerabilidad y el riesgo de sinhogarismo.

Varios estudios relacionan el rechazo familiar con el sinhogarismo en personas LGTBIAQ+. Se estima que hasta el 40% de los jóvenes sin hogar son LGTBIAQ+, pese a constituir solo el 7% de la población juvenil total (Shelton, Price y VanCleefe, 2017). El estudio de Giménez Rodríguez *et al.* (2019) refleja también que la discriminación familiar contribuye a la exclusión residencial de muchas personas LGTBIAQ+.

La expulsión del hogar conlleva la pérdida de vivienda, estabilidad y seguridad, empujando a muchas personas a la explotación laboral, el tráfico de personas o la delincuencia. Además, enfrentan barreras educativas y laborales que perpetúan la pobreza y la exclusión (Durso y Gates, 2012).

A pesar de estas dificultades, gran parte de la comunidad LGTBIAQ+ desarrolla estrategias de resiliencia y forma "familias escogidas" para hallar el apoyo emocional y social que sus familias de origen no brindan (Weston, 1997). No obstante, dichos vínculos suelen carecer de recursos materiales suficientes para prevenir o superar el sinhogarismo.

Comprender este vínculo entre rechazo familiar y sinhogarismo es clave para diseñar intervenciones eficaces y programas de mediación familiar, apoyo psicológico y refuerzo de redes comunitarias pueden prevenir la expulsión del hogar y sus secuelas. Además, los servicios sociales deben capacitarse para atender necesidades específicas de las personas LGTBIAQ+, creando entornos seguros y libres de discriminación.

2.3. BARRERAS EN EL ACCESO A VIVIENDA Y EMPLEO

El empleo y la vivienda son derechos esenciales para el desarrollo de las personas. Sin embargo, la discriminación estructural sigue afectando a las personas LGTBIAQ+, en particular a las personas trans.

La discriminación laboral se refleja en tasas elevadas de desempleo y subempleo (Badgett, Durso y Schneebaum, 2013). Esta hostilidad empuja a muchas hacia la economía informal, exponiéndolas a condiciones abusivas o incluso al trabajo sexual, lo que aumenta el riesgo de violencia y explotación (Lucas Platero, 2014).

El acceso a la vivienda también presenta dificultades notorias. La discriminación inmobiliaria adopta formas como la negativa a alquilar o vender, condiciones injustas o acoso de vecinos (Carratalá y Herrero, 2017). La falta de protección legal específica y la dificultad de demostrar estos actos discriminatorios agravan la situación. Un estudio de ILGA-Europe (2019) destaca que las personas trans y no binarias son especialmente vulnerables por la aparición de prejuicios inmediatos relacionados con su expresión de género. Asimismo, la discriminación interseccional afecta con más fuerza a personas LGTBIAQ+ migrantes, de minorías étnicas o con bajos ingresos (Valfort, 2017).

El resultado es un círculo vicioso; la precariedad laboral reduce la capacidad de obtener vivienda estable, mientras que la ausencia de empleo formal impide cumplir requisitos básicos, como contratos laborales. Esta inestabilidad económica conduce a endeudamientos, desalojos o pérdidas de vivienda. Muchas personas LGTBIAQ+ no tienen redes familiares de apoyo y carecen de un lugar al que acudir (Gaetz *et al.*, 2018). El estigma asociado al sinhogarismo les suma obstáculos adicionales para reinsertarse en el mercado laboral o acceder a soluciones habitacionales.

Para superar estas barreras, se requieren políticas inclusivas que promuevan la igualdad laboral, refuercen la protección legal contra la discriminación en la vivienda y ofrezcan programas integrales de apoyo (formación, orientación laboral y apoyo psicológico). La formación y sensibilización de empleadores, agentes inmobiliarios y personal de servicios sociales resulta esencial para combatir prejuicios y crear entornos inclusivos.

Las barreras en el acceso a la vivienda y al empleo para las personas LGTBIAQ+, en especial para las personas trans, surgen de una discriminación sistémica que demanda abordajes integrales. Reconocer y atacar estas dinámicas es vital para reducir el riesgo de sinhogarismo y romper los ciclos de exclusión y vulnerabilidad que afectan a este colectivo.

3. EXPERIENCIAS ESPECÍFICAS DENTRO DEL COLECTIVO LGTBIAQ+

3.1. MUJERES TRANS EN SITUACIÓN DE SINHOGARISMO

Entre las personas sin hogar que pertenecen a la comunidad LGTBIAQ+, las mujeres trans afrontan una situación de especial vulnerabilidad. Esta realidad deriva de múltiples discriminaciones que, combinadas, agravan su exclusión y obstaculizan su acceso a recursos y oportunidades.

La transfobia, entendida como discriminación específica contra las personas trans, está presente en muchos ámbitos cotidianos. Hernández-Melián (2023) señala que más del 80% de las mujeres trans ha sufrido algún tipo de discriminación a lo largo de su vida. Incluso el apoyo familiar, que debería ser un pilar fundamental, se convierte en un foco de rechazo y expulsión tras la revelación de la identidad de género (Grant *et al.*, 2011). Esta pérdida de lazos familiares repercute negativamente en la estabilidad emocional, económica y social.

El sistema educativo actúa como otro espacio de exclusión. El acoso escolar y la falta de políticas inclusivas llevan a un abandono temprano de los estudios, limitando así las oportunidades laborales de las mujeres trans en su juventud (Penna y Salguero, 2017). Una vez en el mercado laboral, la discriminación se mantiene. Estudios europeos de Gate, ILGA-Europe y TGEU (2021) muestran que solo el 23% de las mujeres trans en Europa cuenta con un empleo formal. Además, la ausencia de documentos de identidad adecuados puede complicar el acceso a trabajos formales (Lucas Platero, 2014).

La atención sanitaria supone otro desafío: la patologización histórica de las identidades trans ha generado desconfianza. Además, muchos profesionales carecen de formación específica, lo que a menudo da lugar a experiencias discriminatorias o inadecuadas (Divan *et al.*, 2016).

En el ámbito de la vivienda, las mujeres trans enfrentan discriminación tanto en el mercado inmobiliario como en la asistencia social. Diversos refugios carecen de políticas inclusivas, negándoles el acceso o asignándoles espacios que no respetan su identidad de género, lo que las expone a violencia y acoso (Mottet y Ohle, 2003). Esta precariedad agrava la probabilidad de recurrir al trabajo sexual como única fuente de ingresos (Martínez, 2003).

La interseccionalidad resulta esencial para comprender por qué la situación de las mujeres trans se intensifica cuando coincide con otros factores de exclusión, como la etnia, el estatus migratorio o la discapacidad (Pérez Ripossio, 2023). Estos ejes de opresión se refuerzan mutuamente, lo que genera mayores barreras y dejando a muchas mujeres trans en total desprotección.

La falta de datos detallados impide dimensionar la magnitud del sinhogarismo entre las mujeres trans y dificulta la formulación de políticas públicas efectivas (Baptista y Marlier, 2019). Para avanzar, se necesitan leyes que reconozcan y protejan la identidad de género, programas de empleo inclusivos, refugios adaptados y formación especializada para profesionales de la salud y la atención social. También son cruciales enfoques que integren la perspectiva de derechos humanos y que reconozcan la diversidad de realidades que viven las mujeres trans. Solo así se podrán reducir las brechas que perpetúan su exclusión y sinhogarismo.

3.2. JÓVENES LGTBIAQ+ Y RECHAZO FAMILIAR

Los jóvenes LGTBIAQ+ son especialmente vulnerables al sinhogarismo por el rechazo familiar y la escasez de redes de apoyo. Aunque se trató este tema en el epígrafe 2.2, resulta clave profundizar en las experiencias concretas y los casos que ilustran la magnitud de este problema.

La revelación de la orientación sexual o identidad de género en la adolescencia suele acarrear incertidumbre y temor. Para muchos, el hogar debería ser un espacio protector; sin embargo, el rechazo familiar expulsa a estos jóvenes a una vulnerabilidad extrema. Arcópoli *et al.* (2023) señala que alrededor del 50% de los jóvenes LGTBIAQ+ que acuden a servicios de apoyo ha enfrentado algún tipo de rechazo o violencia familiar.

Este rechazo no es el único factor que provoca el sinhogarismo juvenil. Otros elementos son los entornos escolares hostiles, donde el acoso LGTBIfóbico limita las oportunidades futuras y el estigma social, que impide la construcción de nuevas redes de apoyo (Pais, 2017).

Para combatir de forma eficaz el sinhogarismo juvenil en la comunidad LGTBIAQ+, se necesitan programas especializados que respondan a sus necesidades. Entre las medidas prioritarias destacan:

- Espacios seguros: crear albergues y centros de acogida específicos, con un ambiente de respeto y aceptación.
- Apoyo psicológico y emocional: ofrecer asesoramiento que aborde las consecuencias del rechazo familiar y la discriminación.
- Reinserción educativa y laboral: facilitar programas de formación y capacitación que amplíen las perspectivas de futuro.

3.3. PERSONAS LGTBIAQ+ MIGRANTES Y REFUGIADAS

Las personas LGTBIAQ+ migrantes y refugiadas enfrentan desafíos únicos que las ponen en mayor riesgo de sinhogarismo. Su vulnerabilidad crece por la intersección de orientación sexual, identidad de género, estatus migratorio y, con frecuencia, etnia u origen nacional. Muchas huyen de persecución y leyes represivas en sus países, donde se criminalizan las identidades y expresiones de género (Latham-Sprinkle *et al.*, 2019).

Al llegar a su lugar de destino, afrontan varios obstáculos. Los procedimientos de asilo no siempre consideran las persecuciones basadas en orientación sexual o identidad de género, y la falta de formación en diversidad por parte de funcionarios puede llevar a la negación de solicitudes (ACNUR, 2012). En los centros de acogida, estos entornos pueden ser inseguros y propiciar acoso y discriminación por parte de otros residentes o del personal (Triandafyllidou, 2013). Además, las barreras lingüísticas, la ausencia de redes sociales y la falta de recursos amplifican su aislamiento.

La interseccionalidad explica cómo la xenofobia y el racismo se suman a la discriminación LGTBIAQ+, agravando la exclusión. Algunas personas LGTBIAQ+ migrantes y refugiadas temen denunciar abusos por miedo a repercusiones legales o deportación. Otras acaban en la economía informal, expuestas a condiciones laborales abusivas. El acceso a servicios de salud también se ve limitado, incluido el tratamiento específico para personas trans, salud mental o VIH/sida.

Estas condiciones generan mayor riesgo de sinhogarismo y dificultan la integración de las personas LGTBIAQ+ migrantes y refugiadas en la sociedad de acogida. Reconocer su compleja realidad es esencial para diseñar respuestas que las protejan de la marginalidad y garanticen el respeto de sus derechos.

4. INVISIBILIDAD Y FALTA DE DATOS ESTADÍSTICOS

La filósofa Miranda Fricker (2007) define la injusticia epistémica como la forma en que las estructuras sociales y de poder silencian o devalúan el conocimiento de grupos marginados. En el sinhogarismo de personas LGTBIAQ+, la carencia de datos específicos ejemplifica esta injusticia, ya que impide visibilizar sus experiencias y dificulta políticas eficaces.

La invisibilidad estadística de las personas LGTBIAQ+ sin hogar significa que sus necesidades no se reflejan en agendas públicas ni en investigaciones académicas. Esta falta de reconocimiento afecta al colectivo y a la efectividad de las políticas sociales. Por un lado, se niega la voz y la experiencia de estas personas, privándoles de compartir su realidad y obstaculizando la identificación de sus demandas específicas (Fricker, 2007). Además, se complica la evaluación de estrategias ya existentes y se perpetúa su exclusión.

La ausencia de datos también consolida estereotipos y prejuicios sobre quiénes son las personas sin hogar. Normalmente, se asocia el sinhogarismo a hombres cisgénero con adicciones o problemas de salud mental (Toro *et al.*, 2007). Esta visión ignora la diversidad interna del colectivo y reduce la empatía social, afectando incluso la formación de profesionales en servicios de sinhogarismo. Sin reconocer la pluralidad de historias, los sistemas de atención pueden reproducir prácticas discriminatorias o excluyentes.

Para revertir estas consecuencias es esencial promover la visibilidad y el reconocimiento de las personas LGTBIAQ+ sin hogar en la investigación y en las estadísticas oficiales. De esta manera, se comprende la magnitud de la problemática y se diseñan políticas efectivas. Algunas estrategias clave son:

- Incluir preguntas sobre orientación sexual e identidad de género en encuestas y estudios sobre sinhogarismo.
- Incentivar la participación de personas LGTBIAQ+ sin hogar en la definición de políticas y programas, reconociendo la relevancia de su conocimiento. Esta intervención activa aporta perspectivas únicas y potencia la eficacia de las soluciones (Reeve, 2018; Slesnick *et al.*, 2007).
- Sensibilizar a profesionales y responsables políticos sobre la urgencia de basar las intervenciones en datos y evidencias actualizadas. Formar en diversidad sexual y de género a trabajadores sociales, personal de albergues y funcionarios permite eliminar prejuicios y asegurar una atención adecuada (Mottet y Ohle, 2006).

Abordar la injusticia epistémica requiere un compromiso activo para incluir las voces de las personas LGTBIAQ+ sin hogar en la producción de conocimiento, en las políticas públicas y en el discurso social. Solo a través de su reconocimiento y visibilidad lograremos avanzar hacia soluciones basadas en la equidad y la justicia social.

5. CONCLUSIONES

A pesar de la mayor visibilidad y comprensión del sinhogarismo en las diversidades sexogenéricas, persisten múltiples desafíos que impiden una intervención efectiva, afectiva y equitativa. Uno de los principales es la discriminación sistémica. Las personas

LGTBIAQ+ continúan enfrentando prejuicios en áreas como la vivienda, el empleo y la salud (EU-LGBTI, 2020). Esta discriminación también se reproduce en las instituciones encargadas de su apoyo, lo que eleva su vulnerabilidad.

La falta de datos estadísticos desagregados sigue siendo un gran obstáculo. Sin información específica sobre la magnitud y características del sinhogarismo LGTBIAQ+, resulta complejo diseñar políticas y programas ajustados (Ramos y Campos, 2024). Esta invisibilidad estadística perpetúa la injusticia epistémica y limita la capacidad de respuesta de gobiernos y organizaciones.

Otro problema es la insuficiente formación de los profesionales que trabajan en servicios de sinhogarismo. La ausencia de protocolos claros y capacitación en diversidad sexogenérica puede desembocar en prácticas inadecuadas o discriminatorias (Mottet y Ohle, 2006). Es vital equipar a trabajadores sociales y personal de albergues con herramientas para una atención inclusiva.

La innovación en modelos de intervención ofrece un reto y una oportunidad. Programas como *Housing First* han sido eficaces en el sinhogarismo crónico, pero necesitan adaptaciones para responder a las necesidades LGTBIAQ+ (Hernández Pedreño, López Carmona y Arroyo Bustinza, 2024). Integrar la perspectiva de género y la interseccionalidad desde el diseño resulta fundamental.

La colaboración intersectorial también es un desafío. Combatir el sinhogarismo en las diversidades sexogenéricas exige la cooperación de Gobiernos, organizaciones no gubernamentales, comunidades locales y el colectivo LGTBIAQ+ (Abramovich y Shelton, 2017). Las alianzas estratégicas y redes de apoyo pueden optimizar esfuerzos y recursos.

Por último, hace falta fomentar una cultura de respeto en la sociedad. Educar y sensibilizar sobre diversidad sexual y de género desde edades tempranas ayuda a reducir prejuicios y discriminación, uno de los factores de raíz del sinhogarismo en estas poblaciones (UNESCO, 2016).

En suma, los obstáculos en la lucha contra el sinhogarismo en las diversidades sexogenéricas son múltiples y complejos.

Afrontarlos exige políticas inclusivas, formación adecuada de profesionales, recopilación de datos precisos y promoción de una cultura de respeto. Solo mediante un trabajo coordinado se podrá avanzar hacia una sociedad más justa y equitativa, donde todas las personas cuenten con acceso digno a una vivienda y sean valoradas en su diversidad.

BIBLIOGRAFÍA

Abramovich, A. y Shelton, J. (2017): *Where Am I Going to Go? Intersectional Approaches to Ending LGBTQ2S Youth Homelessness in Canada and the U.S.*, Canadian Observatory on Homelessness Press, en https://n9.cl/rgihfe.

ACNUR (2012): *Guidelines on International Protection No. 9: Claims to Refugee Status based on Sexual Orientation and/or Gender Identity within the context of Article 1A(2) of the 1951 Convention and/or its 1967 Protocol relating to the Status of Refugees (HCR/GIP/12/01)*, en https://n9.cl/wq9974.

American Psychological Association (2015): "Guidelines for psychological practice with transgender and gender nonconforming people", *American Psychologist*, 70(9), pp. 832-864, en https://n9.cl/i7807.

Amore, K.; Baker, M. y Howden-Chapman, P. (2011): "The ETHOS definition and classification of homelessness: an analysis", *European Journal of Homelessness*, 5(2), en https://n9.cl/phnm31.

Arcópoli, A. *et al.* (2023): *Los derechos de las personas LGTBIAQ+ son derechos humanos y los derechos humanos son derechos de las personas LGTBIAQ+*, en https://n9.cl/7hrkd.

Badgett, M.; Durso, L. E. y Schneebaum, A. (2013): "New Patterns of Poverty in the Lesbian, Gay, and Bisexual Community", *The Williams Institute*, en https://n9.cl/6g5vq.

Baptista, I. y Marlier, E. (2019): "Fighting homelessness and housing exclusion in Europe", *A Study of National Policies, European Social Policy Network (ESPN)*, 93, en https://n9.cl/b2ftiw.

Busch-Geertsema, V. (2010): "Defining and measuring homelessness", en E. O'Sullivan *et al.*, *Homelessness Research in Europe*, Bruselas, FEANTSA, pp. 19-39, en https://n9.cl/l7n20.

Butler, J. (2005): "Gender trouble: Feminism and the subversion of identity GT", *Political Theory*, 4(4), pp. 4-24.

Carratalá, A. y Herrero, B. (2017): *Comunicación contra el odio: Análisis del estado de la discriminación en España y propuestas de actuación política, educativa y mediática*, Madrid, Fundación Alternativas, en https://n9.cl/zzmqc.

Castellanos, H. D. (2016): "The role of institutional placement, family conflict, and homosexuality in homelessness pathways among Latino LGBT youth in New York City", *Journal of homosexuality*, 63(5), pp. 601-632, en https://n9.cl/nkqez.

Cho, S.; Crenshaw, K. W. y McCall, L. (2013): Toward a field of intersectionality studies: Theory, applications, and praxis. *Signs: Journal of women in culture and society*, 38(4), pp. 785-810, en https://n9.cl/3798tz.

Cochran, B. N. *et al.* (2002): "Challenges faced by homeless sexual minorities: Comparison of gay, lesbian, bisexual, and transgender homeless adolescents with their heterosexual counterparts", *American journal of public health*, 92(5), pp. 773-777, en https://n9.cl/gtcq9.

Crenshaw, K. (2022): "Demarginalizing the Intersection of Race and Sex: A Black Feminist Critique of Antidiscrimination Doctrine, Feminist Theory and Antiracist Politics [1989]", *Contemporary Sociological Theory*, 1, p. 354.

Daly, M. (2018): "Regimes of social policy in Europe and the patterning of homelessness", en D. Avramov, *Coping with Homelessness*, Nueva York, Routledge, pp. 309-330.

De la Fuente-Roldán, I. N. (2023): "La realidad conceptual del sinhogarismo", *Cuadernos de Trabajo Social*, 36(1), pp. 61-71, en https://n9.cl/3be20c.

Divan, V. *et al.* (2016): "Transgender social inclusion and equality: a pivotal path to development", *Journal of the International AIDS Society*, 19, p. 20803, en https://n9.cl/a1gymc.

Durso, L. E. y Gates, G. J. (2012): "Serving Our Youth: Findings from a National Survey of Services Providers Working with Lesbian, Gay, Bisexual and Transgender Youth Who Are Homeless or At Risk of Becoming Homeless", *UCLA. The Williams Institute*, en https://n9.cl/dolwzq.

Enke, F. (2012): *Transfeminist perspectives in and beyond transgender and gender studies*, Filadelfia, Temple University Press.

Escobar, D. C. (2021). *Programa de intervención para potenciar la resiliencia e incrementar el bienestar psicológico en población LGTB*, Valencia, Universidad de Valencia, en https://n9.cl/2ciyn5.

EU-LGBTI (2020): *A long way to go for LGBTI equality*, Luxemburgo, Oficina de Publicaciones de la Unión Europea, en https://n9.cl/yv1vr.

Fricker, M. (2007): *Epistemic injustice: Power and the ethics of knowing*, Oxford, Oxford University Press.

Gaetz, S. *et al.* (2018): *Structural Prevention of Youth Homelessness*, Toronto, Canadian Observatory on Homelessness Press.

Giménez Rodríguez, S. *et al.* (2019): *Estudio sociológico de las personas LGTBI sin hogar de la Comunidad de Madrid*. Observatorio para el Análisis y Visibilidad de la Exclusión Social, Universidad Rey Juan Carlos / FACIAM.

Grant, J. M. *et al.* (2011): *Injustice at Every Turn: A Report of the National Transgender Discrimination Survey*, Washington, D. C., National Center for Transgender Equality and National Gay and Lesbian Task Force, en https://n9.cl/3f6cx.

Gobierno de España (2023): *Estrategia Nacional Integral para Personas Sin Hogar 2023-2030*, Ministerio de Derechos Sociales y Agenda 2030, en https://n9.cl/ez700.

Hernández-Melián, A. (2023): "Análisis y clasificación de las políticas de empleo para personas trans en España: marco europeo y regulación autonómica", *Revista OBETS*, 18(1), pp. 115-132, en https://n9.cl/q6eg6.

Hernández Pedreño, M.; López Carmona, D. P. y Arroyo Bustinza, B. (2024): "Sinhogarismo y exclusión residencial severa en España: causas y factores de riesgo", en M. Botija *et al.*, *Construyendo comunidad: investigación, acción, participación en inclusión residencial*, Madrid, Dykinson.

ILGA-Europe (2019): *Annual Review of the Human Rights Situation of Lesbian, Gay, Bisexual, Trans and Intersex People in Europe*, en https://n9.cl/trfea.

Lara-Garrido, A. S.; Rivarola, L. P. y Álvarez-Bernardo, G. (2024). "Conocimientos y actitudes sobre diversidad afectivo-sexual y de género en estudiantado del Grado en Trabajo Social", *Alternativas. Cuadernos de Trabajo Social*, 31(2), pp. 310-331, en https://n9.cl/9dmv7.

Latham-Sprinkle, J. *et al.* (2019): *Migrants and their vulnerability to human trafficking, modern slavery and forced labour*, Ginebra, International Organisation for Migration, en https://n9.cl/9qx2mi.

LUCAS PLATERO, R. (2009): "Discriminación por orientación sexual e identidad de género", en M. D. Cancio Álvarez *et al.*, *Estudios interdisciplinares sobre igualdad*, Madrid, IUSTEL, pp. 169-182.

— (2014): *Transexualidades: acompañamiento, factores de salud y recursos educativos*, Manresa, Bellaterra.

MARTÍNEZ, J. (2003): *El mapa migratorio de América Latina y el Caribe, las mujeres y el género*, Santiago de Chile, Celade.

MEYER, I. H. (2003): "Prejudice, social stress, and mental health in lesbian, gay, and bisexual populations: Conceptual issues and research evidence", *Psychological Bulletin*, 129(5), pp. 674-697, en https://n9.cl/vtcvq8.

MILLER, L. R. (2023): "Queer aging: older lesbian, gay, and bisexual adults' visions of late life", *Innovation in aging*, 7(3), igad021, en https://n9.cl/4p4vw.

MOTTET, L. y OHLE, J. M. (2003): *Transitioning our shelters. A guide to making homeless shelters safe for transgender people*, Washington, D. C., National Gay and Lesbian Task Force Policy Institute, en https://n9.cl/oatac.

PAIS, M. S. (2017): "Violence Against Children: From a Hidden Phenomenon to a Global Concern", en G. Lenzer, *Violence Against Children*, Nueva York, Routledge, pp. 1-21.

PENNA, M. y SALGUERO, J. M. (2017): "Protocolo de actuación en los centros educativos ante la incorporación de alumnado trans", *Polyphōnía, Revista de Educación Inclusiva*, 1(1), pp. 95-107, en https://n9.cl/u8266.

PÉREZ RIPOSSIO, R. N. (2023): "Migraciones e intersecciones entre la identidad de género, la condición migratoria, la clase social y la edad: el caso de las travestis/trans sudamericanas", *PERIPLOS. Revista de Investigación sobre Migraciones*, 7(1), pp. 13-38, en https://n9.cl/ncerr.

RAMOS, T. G. y CAMPOS, A. A. (2024): "'Era todo menos un hogar': El impacto de la violencia familiar en la situación de sinhogarismo de las personas LGTBIAQ+", en M. Botija *et al.*, *Construyendo comunidad: investigación, acción, participación en inclusión residencial*, Madrid, Dykinson, pp. 180-187.

REEVE, K. (2018): "Women and homelessness: putting gender back on the agenda", *People, Place and Policy Online*, 11(3), pp. 165-174, en https://n9.cl/7fb1d.

RITOSA, A. *et al.* (2021): *Perceptions: Comparative findings from a study of homeless service providers and LGBTI-focused organisations about LGBTIQ youth homelessness in Europe*, FEANTSA, ILGA-Europe, True Colors United, and the Silberman Center for Sexuality and Gender at Hunter College, en https://n9.cl/ev1mk.

RUSSELL, S. T. y FISH, J. N. (2016): "Mental health in lesbian, gay, bisexual, and transgender (LGBT) youth", *Annual review of clinical psychology*, 12(1), pp. 465-487, en https://n9.cl/fhf4ti.

RYAN, C. *et al.* (2009): "Family rejection as a predictor of negative health outcomes in white and Latino lesbian, gay, and bisexual young adults", *Pediatrics*, 123(1), pp. 346-352, en https://n9.cl/v74rdq.

SHELTON, J.; PRICE, C. y VANCLEEFE, P. (2017): "Authentic youth and young adult partnerships: Broadening the narrative of LGBTQ youth homelessness, *Journal of Family Strengths*, 17(2), en https://n9.cl/8sf7p.

SLESNICK, N. *et al.* (2007): "Treatment outcome for street-living, homeless youth", *Addictive behaviors*, 32(6), pp. 1237-1251, en https://n9.cl/g46g2z.

TORO, P. A. *et al.* (2007): "Homelessness in Europe and the United States: A comparison of prevalence and public opinion", *Journal of Social Issues*, 63(3), pp. 505-524, en https://n9.cl/53fl8k.

TRIANDAFYLLIDOU, A. (2013): "Migration policy in Southern Europe: challenges, constraints and prospects", En E. Karamouzi *et al.* (eds.), *A strategy for Southern Europe*, Londres, LSE IDEAS, pp. 54-63, en https://n9.cl/5qdky.

UNESCO (2016): *Out in the Open: Education Sector Responses to Violence Based on Sexual Orientation and Gender Identity/Expression*, en https://n9.cl/4je1y.

Valfort, M. (2017): "LGBTI in OECD Countries: A Review", *OECD Social, Employment and Migration Working Papers*, 198, en https://lc.cx/oa2SnN.

Visus, C. A. S. V. y Cuervo, A. (2022): "El Housing First: mirades des de l'educació social", *Educació social. Revista d'intervenció socioeducativa*, (81), pp. 138-141, en https://n9.cl/2woom.

Warner, M. (ed.). (1993): *Fear of a queer planet: Queer politics and social theory* (vol. 6), Mineápolis, University of Minnesota Press.

Weston, K. (1997): *Families we choose: Lesbians, gays, kinship*, Nueva York, Columbia University Press.

CAPÍTULO 3

MIGRACIONES Y SINHOGARISMO

XABIER PARRA BERRADE
Servicio Capuchino para el Desarrollo
y la Solidaridad (SERCADE) y Red FACIAM

1. LA INTERNACIONALIZACIÓN DE LA POBREZA, DE LA ACOGIDA A LA CALLE

El 17 de junio de 2018, 629 migrantes llegaron a Valencia en el Aquarius. La historia de su rescate y acogida fue abanderada como un símbolo frente a los inicios del auge de la extrema derecha en Europa. Por aquella época, Matteo Salvini como Ministro de Interior de Italia había rehusado abrir sus fronteras al desembarco del buque francés; la guerra de Siria ya acumulaba con más de un millón de exiliados en territorio europeo; el sistema de reparto de refugiados era incumplido reiteradamente por los países miembro y se produjo la externalización de las fronteras: primero a Turquía y posteriormente a Libia y Jordania. Europa saturaba con el drama de la migración los corazones de un continente que agotaba su capacidad compasiva.

El buque francés Aquarius había salido de Libia semanas antes rescatando a cientos de inmigrantes que huían de otra nación devastada por el conflicto interior y la geopolítica europea, Libia. La vulneración de derechos humanos, el trato inhumano y la peligrosidad para la supervivencia son términos habituales del relato de las personas cuya ruta migratoria tiene la mala suerte de pasar por el país norteafricano. El buque Aquarius llevaba más de 50 años surcando las aguas europeas: océano Atlántico, mar Mediterráneo… Incluso las frías aguas siberianas habían sido objeto de las primeras tareas del barco. Dedicado inicialmente al salvamento marítimo, pasó a encargarse de la logística estratégica en las telecomunicaciones y al tránsito de mercancías, a las operaciones de facilitación en el campo energético y en los hidrocarburos, el buque prestaba ahora servicio para la ONG francesa SOS Mediterranée y Médicos Sin Fronteras. ¡Qué paradoja! El Aquarius había cruzado siempre fronteras con mercancías, pero se le detuvo cuando en su eslora no había riqueza sino personas.

El rescate de los migrantes se dio en un contexto europeo complejo para las migraciones y la seguridad. La consideración por la acogida a refugiados que generó el violento conflicto armado de Siria en 2011, que fue parte de ese también complejo movimiento de la Primavera Árabe, se disipó rápidamente ante la negativa de numerosos países de la Unión Europea a cumplir las cuotas de acogida que se habían pactado. En el año 2015, la llegada de migrantes a Grecia, Turquía e Italia obligó a la Comisión Europea a un acuerdo que planteaba el reasentamiento de las llegadas por cuotas a los países. De las decenas de miles de personas que se esperaban repartir, fueron escasos cientos, o incluso solo decenas, los que fueron derivados de unos países a otros. Hungría llegó en 2018 a debatir una ley que condenaba el apoyo y asistencia a refugiados. El recuerdo de aquellos años lo ilustran fotografías que se pueden encontrar todavía en internet, como las de Béla Szandelszky, sobre la ruta que muchos emprendieron desde las costas griegas hasta los países del noroeste del continente, o la del cadáver de Alan Kurdi realizada por Nilüfer Demir, que murió huyendo de las bombas de Kobane. Aquel niño y su camiseta roja fueron, quizá, el epílogo final de los consensos que antaño se dieron en la conferencia de Yalta de 1945.

Volvamos al Aquarius. Tras la negativa del Gobierno de coalición italiano que había entregado la política de seguridad al movimiento ultra Liga Norte, y la negativa también de Malta a asumir el desembarco de los pasajeros y pasajeras, el Gobierno español pronunció las declaraciones que parecieron dar la vuelta al proceso: "España ofrecerá un puerto seguro". Desde aquel momento y hasta el desembarco de 629 migrantes, la mayor parte provenientes de Sudán y Nigeria, el acompañamiento mediático fue masivo. Se hicieron reportajes siguiendo el minuto a minuto de la llegada del busque y la operación se bautizó como Operación Esperanza, como si de un salmo bíblico se tratara.

Parte de la política española se lanzó en tribulaciones, pero la mayoría alzados como adalides de la bondad suprema construyeron el relato que la Europa social necesitaba: se puede abordar la migración desde la acogida. Numerosos territorios españoles ofrecieron acoger a una parte de los migrantes superando en segundos el difícil reparto de cuotas que Europa no había sido capaz de realizar en una década entera. Hasta el propio presidente del Gobierno llegó a iniciar su libro *Manual de Resistencia* con la certeza de que "el haber salvado la vida a 629 personas hace que piense que vale la pena dedicarse a la política"[1].

Pero siempre llega un momento en los espectáculos y conciertos en los que los focos se apagan. El suelo de la pista de baile se descubre lleno de suciedad, los recintos feriales en los que había reinado la algarabía solamente son habitados por vasos de plástico y vomitonas. Es el momento del silencio y la oscuridad, el momento en el que la subcontrata de la limpieza, en muchas ocasiones migrante y femenina, tiene que adecentar el sitio. Cinco años después de la llegada del Aquarius a España, el 80% de las personas rescatadas habían visto denegado su asilo. A pesar de las primeras promesas de acogida e integración, la Ley de Extranjería condicionó el clamor popular, y la habitual burocracia y reparto competencial, entre otros cientos de cuestiones que serán el objeto fundamental de este capítulo, llevaron a una parte de esas vidas rescatadas a la pérdida de derechos, al ostracismo de la atención mediática y a la espera. Algunos de ellos, me consta especialmente porque fue SERCADE, asociación que dirijo, quien los acompañó, terminaron en la calle, durmiendo en refugios y en albergues.

1. Citado en https://n9.cl/r4lasf.

El sinhogarismo es parte de la historia de muchas de las personas que migran a España (Sánchez Morales y Tezanos, 2004). Hoy en día, es un fenómeno que no puede entenderse sin comprender la migración. Y a pesar de que las cifras sean incontestables, resulta paradójico que cueste tanto conjugar sinhogarismo y migración en una misma frase. El reparto competencial, un inquietante miedo a la fantasía del efecto llamada, saturar la pobreza... o quizá más bien la búsqueda de excusas para no afrontar que en un mundo globalizado también hemos internacionalizado la pobreza. Por ello quizá nos tocará equilibrar la balanza, afrontando con el mismo sentido universal la justicia social si es que queremos dar solución y erradicar el sinhogarismo para 2030.

2. MIGRACIÓN Y SINHOGARISMO A LA LUZ DE LOS DATOS

La relación entre la política migratoria, de acogida, tanto en España como en la UE, y la política de emergencia es directa y el impacto que esta población ha tenido en los últimos años en los recursos que tradicionalmente atendía a población en situación de sinhogarismo con otras trayectorias de exclusión es notable (Sánchez Morales y Tezanos, 2004; Martínez, 2006; Sánchez Morales, 2011; Manzano-Arrondo, 2017). La vinculación entre el fenómeno migratorio y el sinhogarismo es, a la luz de los datos, incuestionable. Mientras que en 1998 el porcentaje de personas extranjeras en España era del 1,6%, en 2010 ese porcentaje subió al 12,2% (Navarro-Lashayas, 2016). Según datos de la Estadística continua de población de abril de 2024, el porcentaje ya era del 13,51%. En paralelo a ese incremento de población, ha aumentado también el porcentaje de personas extranjeras que sucumben a las estadísticas de exclusión social. En el último Informe sobre el Estado de la Pobreza se indica que frente al 22,3% de españoles y españolas viviendo en situación de pobreza, el de la población extranjera extracomunitaria alcanza el 57%. La nacionalidad se presenta como un relevante factor de vulnerabilidad (EAPN, 2024). También desde el enfoque metodológico del centro de estudios sociales de Cáritas, la tasa de incidencia de exclusión severa se eleva del 10,4% en el caso de la población nacional hasta el 37,7% para la población española extracomunitaria (FOESSA, 2022).

Si atendemos a los datos existentes sobre sinhogarismo, de nuevo la condición migratoria tiene una relevancia notable. Según el Instituto Nacional de Estadística (INE), en su muy limitada Encuesta sobre las personas sin hogar, el sinhogarismo ha crecido ampliamente en las dos últimas décadas. Indico la limitación porque específicamente en materia de migración existen dificultades de enfoque, definición y metodología relevantes que abordaremos en la comparativa con los datos europeos.

TABLA 1

FACTORES DESTACADOS POR LA ENCUESTA DEL INE DE PsSH

	2005	2012	2022
Población sin hogar estimada	21.900	22.953	28.552
Población extranjera sin hogar estimada	10.559 (48,2%)	12.432 (45,8%)	14.247 (49,9%)
Origen europeo	3.960 (37,5%)	2.772 (22,3%)	2.379 (16,7%)
Origen africano	4.604 (43,6%)	7.037 (56,6%)	7.594 (53,3%)
Origen americano	1.478 (14%)	1.890 (15,2%)	3.690 (25,9%)
Otros	517 (4,9%)	733 (5,9%)	584 (4,1%)
Años de media en España	2 años y 8 meses	4 años y 10 meses	3 años y 11 meses

Fuente: Elaboración propia a partir del INE (2005, 2012 y 2022).

Tal y como muestran los datos de la tabla 1, el sinhogarismo en España ha aumentado en los últimos 17 años al menos en un 30%. De igual manera, la presencia de población extranjera en situación de sinhogarismo ha aumentado también un 34%. Resulta paradójico comprobar que ante un crecimiento notable de los flujos de inmigración, y ante una tasa mucho mayor de esta población, en los índices AROPE y FOESSA, el sinhogarismo de origen migrante se mantenga en estos años estable en torno a un 48-49%. Sin duda, los parámetros del INE infravaloran a la población migrante porque no recogen, por ejemplo, personas en centros de alojamiento para solicitantes de asilo e inmigrantes, que supone una de las fuentes principales desde las que se alimentan las emergencias municipales y desde una perspectiva preventiva quizá habría que incorporarlos. Tampoco se analiza la vivienda insegura e inadecuada, asentamientos, edificios ocupados, realquileres, etc., que si bien no son la realidad de las personas migrantes recién llegadas, sí lo son de aquellas que llevan un tiempo y que en ocasiones acaban encontrándose en situación de calle. El potencial disparador de la exclusión siendo migrante es inmenso.

En cuanto a las encuestas del INE, sin embargo, es interesante poner el foco en dos cuestiones que caracterizan a la población en exclusión extrema. La categoría nacionalidad en general, o la condición de ser extranjero/a, no parece identificar un mismo constructo social que responda internamente a una variabilidad homogénea. La diferencia entre los orígenes de dicha población es significativa y también lo es el recorrido de cada una de ellas. Mientras que la población africana parece mantenerse como la principal variable condicionante del fenómeno del sinhogarismo extranjero, siendo entre el 43% y el 56% de dicha población y habiendo aumentado 10 puntos en los últimos 17 años, es la población de origen americano la que parece que ha sufrido el mayor aumento. Mientras que en el año 2005 eran solamente 1.478 personas las que de este origen pernoctaban en la calle o en recursos de emergencia social, muy por debajo de la población de origen europeo, en 2022 superan a los migrantes comunitarios y alcanzan ya una tasa del 25,9% (3.690 personas).

En datos más recientes, aunque parciales por su limitada dimensión territorial, ofrecidos por el Ministerio de Derechos Sociales y Agenda 2030 fruto del programa piloto para el desarrollo de una metodología común en la elaboración de recuentos nocturnos entre 27 municipios españoles, el 56% de las personas localizadas en la calle (ETHOS 1) eran de origen extranjero, mientras que en asentamientos (ETHOS 11 y 12) esa tasa creció hasta el 77,9% (MDDSS, 2024). En cuanto a los datos ofrecidos por ese mismo recuento pero en albergues y viviendas objeto de las categorías ETHOS 2, 3 y 7, de nuevo, el porcentaje de personas de origen extranjero oscilaba entre el 55,2 y el 59,4% (ibíd.).

A nivel europeo y aunque no me detendré mucho para no alimentar un relato exclusivamente matemático y poder afrontar otras aristas del tema, sí conviene destacar dos aspectos en este intento de caracterización: el problema metodológico y conceptual y la inevitable relación entre la política migratoria y la política del sinhogarismo.

La complejidad existente en aunar los datos de los diferentes países respecto al sinhogarismo y ofrecer una fotografía comunitaria del fenómeno es una de las principales limitaciones que afronta la recientemente creada Plataforma Europea para Combatir el Sinhogarismo (EPOCH). La Comisión Europea ya cuestionó hace unos años que la cifra que algunos estudios estimaban, en un mínimo de 700.000 personas en situación de sinhogarismo en todos los países miembro, pudiera llevar a engaño por tres razones principalmente: uno, la diversidad metodológica de origen de los datos ya que algunos países los reportan desde recuentos nocturnos, y en otros casos de estadísticas y censos, haciéndoles difícilmente homogeneizables; dos, por la ausencia de una definición compartida del fenómeno de sinhogarismo que permita indicarnos quiénes son y, sobre todo, quiénes no son consideradas personas en esta situación; y tres, por la gran cantidad de personas y fenómenos que están en eso ya manido del sinhogarismo oculto. Para sostener la cifra de entre medio millón y millón y medio se utiliza al mismo tiempo el abordaje amplio del sinhogarismo de Alemania, que reúne, entre otros, centros de atención a personas migrantes, y otros abordajes más restrictivos como el español, que tanto en las encuestas del INE como en la propia Estrategia Nacional para la lucha contra el Sinhogarismo en España 2023-2030 se aborda el sinhogarismo exclusivamente desde el ETHOS 1 y 2, lo que infrarrepresenta a la población migrante.

Bajo los datos que ofrece el último informe de Exclusión Residencial de FEANTSA, así como por innumerables anotaciones del *Asylum Report 2023* de la European Union Agency for Asylum, la gestión de la frontera europea explica entre el 25% y el 50% del sinhogarismo, aumentando ese porcentaje cuando uno baja en latitudes hacia el Mediterráneo. En efecto, esos datos parecen tener consistencia con los que ofrece el INE o con los datos que recoge el último informe de FEANTSA sobre el impacto que la guerra de Ucrania y todas las personas desplazas han tenido en la sobrecarga de recursos para personas en situación de sinhogarismo.

Las cifras más actuales sobre sinhogarismo en Europa son las presentadas en diciembre de 2024 en un reciente congreso para buscar soluciones novedosas en acceso a la vivienda. En el reporte del evento se volvió a poner la horquilla entre los 700.000 ya nombrados y 1,3 millones de personas que dio FEANTSA en su último informe. De todos ellos, es difícil calcular el porcentaje de personas extranjeras, pero siguiendo lo subrayado por la literatura que analiza la realidad de cada país, homologando las propias cifras de España, y asumiendo la variabilidad entre los Estados miembro, no nos equivocaríamos si dijéramos que alrededor de la mitad de la exclusión sociorresidencial extrema en la UE está estrechamente ligada al fenómeno migratorio.

La historia es caprichosa, tiñe de acontecimientos y dibuja la realidad, no siempre acoplada a las normas y esquemas desde donde construimos la política y los servicios. Y la migración es un fenómeno inmenso, nuclear, de los tiempos actuales. Existe el riesgo de que al abrir el debate desdibujemos el fenómeno del sinhogarismo. Ocurrió y sigue ocurriendo en el abordaje de las adicciones, pero también con la mujer, la infancia o la salud mental. El sinhogarismo es a veces tan diminuto en comparación con la atención que reciben otros fenómenos, que puede verse opacado en un debate complejo. Pero es que quizá nos hemos acostumbrado a tratar de explicar la vida en pocos caracteres. Y no toda la realidad cabe en un suspiro. Las capas del fenómeno del sinhogarismo exigen profundidad y una serena observación.

3. PÉRDIDA DE OPORTUNIDAD

En la tabla 1 he puesto también el foco en un dato que creo que es relevante sobre el periodo de residencia previo de dicha población en España que nos habla de una mayor perpetuación de los itinerarios de exclusión. A pesar de que la legislación en materia de extranjería y en cuanto a las posibilidades de arraigo parece que han ido ampliándose; es cada vez mayor el tiempo de estancia en España previo a la situación de sinhogarismo. Por tanto, no estamos hablando exclusivamente de un flujo directo de frontera —irregularidad y calle—, sino más bien de una movilidad descendente que no se frena en gran parte por los problemas derivados del reparto competencial y por la ausencia de mecanismos ligados al escudo social específicamente pensados para esta población.

He querido destacar también en la tabla 2 una cuestión que es especialmente llamativa en la población extranjera en situación de sinhogarismo y comparativamente con la española, muy diferente. Los datos del INE (2022) muestran que en torno al 21,1% de la población en situación de sinhogarismo se encuentra entre los 18 y los 29 años. El tema del sinhogarismo juvenil, que se trabaja en el siguiente capítulo y que ha sido y es objeto de un intenso interés, debate y desarrollo metodológico en la práctica del acompañamiento del ámbito de las organizaciones de FACIAM[2], cabe ser reseñado en este momento porque explica un factor relevante a tener en cuenta para caracterizar a la población de origen migrante en situación de sinhogarismo, pero en general a los flujos migratorios que vive España.

La población extranjera residente en España es bastante más joven que la española. Algún sencillo análisis de los datos del INE nos arroja una media de edad de 37 años para las personas extranjeras frente a una media de 43 para las nacionales. En la franja de los 20 a los 34 años, la población española se distribuye en un 14,9% mientras que la extranjera alcanza un 27,3%. Este dato es mayor si cabe en las personas provenientes de África (27,6%), América (35,6%) y Asia (28,2%) que por ejemplo las personas que provienen del ámbito de la UE (16,1%).

2. FACIAM es una de las redes más amplias de entidades que trabajan en el abordaje del sinhogarismo. Para más información sobre su trabajo en sinhogarismo juvenil véase www.futuroandco.org y el artículo "Futuro&Co, proyecto de innovación social para la construcción de un modelo emancipador para la juventud sin hogar" (Parra Berrade, 2023).

TABLA 2

PORCENTAJE DE POBLACIÓN SIN HOGAR ENTRE 18 Y 29 AÑOS POR LA ENCUESTA DEL INE DE PsSH

	2005	2012	2022
Española	1.535 (23,5%)	1.026 (23,1%)	1.407 (23,3%)
Extranjera	5.004 (76,5%)	3.408 (76,9%)	4.629 (76,7%)
UE	736 (14,7%)	236 (6,9%)	87 (1,9%)
Resto de Europa	858 (17,1%)	21 (0,6%)	14 (0,3%)
África	2.536 (50,7%)	2.856 (83,8%)	3.564 (77%)
América	499 (10%)	147 (4,3%)	810 (17,5%)
Otra nacionalidad	375 (7,5%)	147 (4,3%)	154 (3,3%)

Fuente: Elaboración propia a partir del INE (2005, 2012 y 2022).

El rostro de esa persona migrante joven podría ser el de un chico marroquí (920.693 personas, 72% de los residentes africanos), el de un colombiano (578.477 personas), venezolano (325.254 personas) o rumano (620.463 personas), ya que son los principales países de origen. También recibimos, por supuesto, población proveniente de la UE, y las cifras de residentes italianos, ingleses o incluso de personas de origen chino son significativas. Pero bien sabemos que el relato de la España multicultural lo copan los constructos que alimentan estereotipos y discursos de odio y nutren los heurísticos que darán forma a prejuicios y división social, y esos discursos tienen que ver en mayor medida con las personas provenientes del sur global.

Me interesa resaltar el carácter juvenil de la inmigración porque es sencillo deducir que el factor económico es el principal impulsor de la mayor parte de esos flujos. La propia política de reagrupación familiar que ofrece la Ley de Extranjería muestra un proceso migratorio inicialmente exploratorio de un miembro de la familia, más masculinizado en el caso de las migraciones africanas y con una mayor presencia de mujeres en el caso latinoamericano, y una posterior agrupación del resto del núcleo familiar cuando ya se han dado algunos primeros pasos de inserción en términos de vivienda y garantía de ingresos.

Cuando nos acercamos a los datos del sinhogarismo vemos que entre 76% de la población en situación de sinhogarismo de origen extranjero tiene entre 18 y 29 años, siendo especialmente relevante esta franja de edad de nuevo en la población africana, y muy diferente en términos absolutos al porcentaje de representatividad de estos jóvenes en la población en situación de sinhogarismo española que se mueve en torno al 23%.

En los últimos años se ha ido incrementando el foco sobre el paso de la infancia protegida en el cumplimiento de su mayoría de edad a situaciones de emergencia social. Alrededor del 4% de la población en situación de sinhogarismo ha vivido en instituciones de acogida antes de cumplir la mayoría de edad (Contreras-Montero y Calvo, 2023). Esta cifra se eleva especialmente entre las personas en calle de 18 a 29 años.

4. LA MOVILIDAD DESCENDENTE

Pensé mucho en nombrar al comienzo del capítulo el episodio del Aquarius que nos lleva directamente a la compleja gestión de los flujos humanos en el Mediterráneo. La sobreexplotación mediática de la frontera sur como imaginario de invasiones ha sido sostén del discurso recurrente de la extrema derecha en España desde el que se abandera el odio y se criminaliza al extranjero. A la luz de los datos parece que el sinhogarismo sí se tiñe en gran parte del rostro de esa realidad africana, pues hemos hablado de cifras de sinhogarismo atadas en un 50, 70 u 80% al continente africano. Pero la migración en España, como fenómeno general, es mucho más amplia y diversa y de ninguna manera está explicada por el impacto de la frontera sur. Digamos que parece haber una debilidad específica en cuanto a la eficacia del escudo social en las migraciones africanas, o existen quizá factores de vulnerabilidad más agudos en este grupo que en el de otros flujos migratorios.

Como hemos visto, hace dos décadas el sinhogarismo migrante era un fenómeno reciente (Cabrera y Malgesini, 2002). El aumento de la población extranjera ha hecho que en la actualidad España tenga porcentajes de residentes homólogos a los principales países europeos. Con un 13,4% de personas extranjeras, se ubica solo por detrás de Alemania (25,9%) y de Francia (14,5%) y con un crecimiento medio de más de 20,4% en estos últimos veinte años, frente al 3% de incremento neto de la población general.

En una comparativa rápida de la distribución de la población extranjera residente según su origen vemos que la matriz no se equipara con la población extranjera en situación de sinhogarismo (tabla 3). Los itinerarios de la migración hacia el sinhogarismo son complejos, para nada lineales o automáticos. Según estos datos la población extranjera es más propensa que la nacional a terminar en situación de calle y dentro de la extranjera parece que la población europea está mejor protegida que la población extracomunitaria y, sobre todo, la africana.

TABLA 3

COMPARATIVA ENTRE LA DISTRIBUCIÓN DE LA POBLACIÓN RESIDENTE Y LA POBLACIÓN EN SITUACIÓN DE SINHOGARISMO

	POBLACIÓN EN SITUACIÓN DE SINHOGARISMO	POBLACIÓN RESIDENTE
Española	14.316 (50,1%)	42.117.413 (86,6%)
Extranjera	14.236 (49,9%)	6.502.282 (13,4%)
UE	1.818 (12,8%)	1.724.292 (26,5%)
Resto de Europa	555 (3,9%)	698.473 (10,7%)
África	7.587 (53,3%)	1.278.374 (19,7%)
América	3.690 (25,9%)	2.269.617 (34,9%)
Otra nacionalidad	587 (4,1%)	531.526 (8,2%)
Total	28.552	48.619.695

Fuente: Elaboración propia a partir del INE (2022 y 2024).

Apenas he nombrado las distribuciones de sexo ya que este punto se aborda con profundidad en el capítulo 1 de este libro. La variable género no es una dimensión más en el sinhogarismo migrante. Lo desbarata todo, incorpora motivaciones y agentes diferentes, viajes para nada análogos y factores impulsores de esa movilidad descendente que nada tienen que ver con los de los hombres. Hay muchas más mujeres migrantes en situación de sinhogarismo que mujeres españolas, 40% frente a 27% (INE, 2022). Pero en este caso son sobre todo de origen latinoamericano (71,1%).

Penya i Guilarte y Maranillo-Castillo (2022) recogen algunos factores interesantes obtenidos de la lectura de datos de intervención de diversas entidades catalanas: el sinhogarismo femenino está vinculado al ámbito privado y contempla por ende vulnerabilidades añadidas por su invisibilidad. La ruptura de vínculos parece estar muy presente en su proceso de exclusión, bien sea por violencia de género, por la muerte de familiares o por experiencias migratorias. Llegan a indicar que tres de cada cuatro mujeres en situación de sinhogarismo son mujeres migradas según datos del Ayuntamiento de Barcelona (Sales, 2019).

5. DIMENSIONES DEL SINHOGARISMO QUE AFECTAN A LAS PERSONAS MIGRANTES

Pero ¿cuáles son los factores que definen ese itinerario hacia el sinhogarismo que aparentemente no es automático o muy predecible? No existe unicidad al respecto entre los autores y autoras que han estudiado el fenómeno de la inmigración en situación de sinhogarismo, pero sí se pueden establecer puntos de un mayor consenso. Resulta incluso lacerante leer algunos de los primeros estudios de autores relevantes que, ante el impacto creciente de la inmigración, se cuestionaban si no había factores de delincuencia previa oculta en la irregularidad y en la indocumentación, como si estas fueran condiciones deliberadamente marcadas para iniciar un *qué se yo* posible itinerario hacia la criminalidad. Los años, la experiencia y los datos nos muestran que no existen factores de este tipo reseñables, sino más bien una serie de factores estructurales que sí explican la razón por la que la pobreza en España se ligue específicamente a personas extranjeras (López-Carmona Solórzano, G. y Vera-Baceta, 2023).

5.1. IRREGULARIDAD ADMINISTRATIVA

La irregularidad administrativa es, sin duda, el consenso mayoritario y definidor de varios otros obstáculos posteriores tales como el acceso al mercado de trabajo o la tenencia de vivienda. No existe posibilidad de ejercer la condición de ciudadanía sin un acceso jurídico a derechos. Todos los factores vinculados con la inclusión social, desde los más jurídicos y materiales hasta la participación social, están condicionados por el libre ejercicio de esa condición de ciudadanía y es condición *sine qua non* para una verdadera justicia social (Martínez, 2006). Cuantificar el porcentaje de irregularidad entre la población extranjera residente en España es complejo y no habría espacio suficiente en este capítulo para las comparativas y análisis que exige. La comparativa entre el censo y padrón es una técnica habitual pero excluye a muchas personas que ni siquiera obtienen el empadronamiento. La transposición de datos relativos como el 30% de la atención a personas irregulares en calle de Barcelona (Sales, 2019) o los más de 500.000 que considera el informe de PorCausa para justificar la necesidad de un procedimiento extraordinario de regularización (Fanjul y Gálvez, 2022) pueden ser matizados por muchos otros que hablan de valores más altos.

Sea como sea y a la luz de la bibliografía revisada para la confección de este texto, no existe otro factor que afecte tanto a la exclusión, a la cronificación de las vulnerabilidades y a la imposibilidad de engancharse a los movimientos ascendentes que procuran el apoyo social de entidades del tercer sector en el acompañamiento a este colectivo.

Siendo España un país con una legislación manifiestamente más amable que la del conjunto de los países europeos para la consideración de vías ordinarias de arraigo resulta paradójico que la bolsa de personas en situación de irregularidad administrativa crezca constantemente. Desde hace veinte años la reclamación más unánime de la población migrante en situación de sinhogarismo no es "vivienda", sino "papeles". No es posible vivienda sin capacidad de ser titular de la misma, el trabajo solamente es accesible en condiciones de semi esclavitud y el apoyo social se ve afectado por la *guetización* y circunscrito a personas con semejante condición de exclusión, lo que disminuye las posibilidades de obtener bienes relaciones que disparen procesos de inclusión.

Reflexionando sobre las condiciones que se solicitan para formalizar el arraigo; medios de vida, una oferta de empleo, pruebas de arraigo y ausencia de antecedentes penales; hay cuestiones que resultan paradójicas. El hecho de que la condición de ciudadanía se obtenga demostrando ya ser ciudadano/a por medio de pruebas de arraigo. Recuerdo un encuentro que propiciamos en la entidad en la que trabajo hace años entre los cargos políticos, directivos y técnicos del Ayuntamiento de Madrid y un grupo de jóvenes migrantes en situación de calle. Uno de ellos le preguntó a la teniente de alcalde: "¿Cómo quieres que consiga un contrato de trabajo si me condenas a ser invisible, cómo voy a conseguir que alguien confíe en mí si tengo que ocultarme en las calles de tu ciudad?". Condicionando el paso a la ciudadanía con la exigencia de dichas pruebas, de alguna manera se está asumiendo y formalizando que la irregularidad no es más que un lapso de tiempo, una fase de la yincana en la que para ser ciudadano/a de pleno derecho debes ganarte el premio siendo primero condición de posibilidad.

Además de todas las barreras burocráticas y los obstáculos procedimentales existentes en la tramitación de expedientes de arraigo, el prerrequisito del contrato laboral es un abismo insondable para el conjunto de migrantes que siguen engrosando las listas de personas irregulares y no alcanzan éxito en el arraigo, pero sobre todo lo es para todas aquellas que enfrentan el intento de un tránsito hacia la inclusión desde una situación de sinhogarismo. Valga señalar que algunos de esos obstáculos parecen deliberados viendo que los teléfonos de extranjería no suenan desde hace años, o el software para solicitar citas está caído desde hace un lustro y que ante numerosas quejas y recomendaciones no solo de entidades sociales sino de la propia Defensoría del Pueblo siguen sin buscar alternativa.

La desventaja comparativa con las personas nacionales que afrontan la inclusión laboral desde una condición de ciudadanía y la espera relativa de unos 8 meses que se le exige a un empresa para formalizar dicho contrato, son elementos que se debieran cuestionar de manera más activa y solucionar por medio de la agilización de trámites o mejor todavía, mediante una manifestación de voluntad que diera paso al permiso de residencia y empleo para la posterior búsqueda de empleo siendo ya parte del sistema. Esta propuesta no es ni siquiera genuina de este autor, el propio Reglamento de Extranjería recoge mecanismos similares para la formalización del arraigo o para los permisos para búsqueda de empleo.

5.2. BRECHA CULTURAL Y APOYO SOCIAL

A la irregularidad debemos sumar algunos otros factores de carácter también estructural en el caso de las personas migrantes. Al menos dos son particularmente relevantes en este colectivo: la brecha cultural y la falta de apoyo social. Las barreras idiomáticas y la distancia cultural existentes entre sociedades tan diferentes como el contexto rural de Guinea Conakry o las comunidades alejadas del Putumayo colombiano, por poner dos simples ejemplos de distancias geográficas y sociológicas, hacen que el proceso de adaptación cultural sea evidentemente complejo y requiera de, además de tiempo, la configuración de apoyos específicos en servicios, programas y/o políticas que quieran ayudar a la inserción social de las personas migrantes en situación de sinhogarismo. Seguro que una parte de la distancia que hemos visto entre la configuración de la población extranjera residente en general y la saturación de personas de origen africano en situación de sinhogarismo se explica en parte por este factora cultural. Es de todas formas un factor que puede, con relativa facilidad, ser objeto de programas de mediación y apoyo formativo.

La falta de apoyo social en las personas en situación de sinhogarismo es un tema que me ha preocupado especialmente. En los últimos años desde la Red FACIAM hemos desarrollo varios estudios y trabajos que ponen el foco en el aislamiento social y en la importancia de abordar la intervención con soluciones específicas para superarlo. En varias ocasiones he tenido la oportunidad de señalar a varios municipios en los que trabajamos en SERCADE acompañando a personas migrantes en situación de sinhogarismo la necesidad de abordar metodologías más cercanas al patrocinio comunitario y hacer funcionar desde las primeras fases de llegada de la persona el potencial disparador de capacidades que tiene la afiliación (Wolff y De-Shalit, 2007).

El bajo apoyo social está presente en 6 de cada 10 personas migrantes en situación de sinhogarismo de origen africano, y aunque con datos algo más bajos en personas latinoamericanas o de origen europeo, es en general uno de los factores determinantes de la imposibilidad de acometer procesos de recuperación (De la Fuente Roldán y Sánchez Moreno, 2023). A la luz del estudio que Navarro-Lashayas (2016) realizó sobre los altos niveles de estrés aculturativo y de estrés psicosocial existente en personas migrantes en situación de sinhogarismo, es determinante considerar tanto los sucesos vitales estresantes vividos y la brecha de apoyos existentes en una persona migrada en base a sus relaciones de afiliación vital pasadas, como el apoyo social percibido o que se pueda recibir de la sociedad de acogida. El aislamiento social es un factor exclusógeno específico en la población migrante por la interacción que parece realizar con la historia vital de dichas personas.

5.3. VIVIENDA

En cuanto a la vivienda, querría detenerme un momento en apuntar algunas características sobre un ETHOS ampliado. Siempre he sido crítico con esa mirada al sinhogarismo que se ciñe exclusivamente a quien habita la calle. Creo sinceramente que es más un refugio ante la invisibilidad que se hace al fenómeno del sinhogarismo en la política pública, y desde ahí lo entiendo y justifico, pero no se puede reducir el fenómeno a una cuestión parcial solamente por el intento de construir un relato funcional. La vivienda y su derecho es sobre todo condición de salida, pero en el marco de los perfiles a los que me he dirigido en estas páginas, ¿alguien cree que el mero aumento del precio de alquiler o la política de desahucios explica de por sí la exclusión de personas migrantes?

En estos sinhogarismos ocultos a los que responde este libro hace falta plantear una lectura amplia de la categoría de ETHOS. Es la condición primera para superar esa supuesta dificultad que tiene el abordaje de estos perfiles que antes he denominado manida. Y la califico como tal porque creo sinceramente que la reflexión en el sector de la exclusión se ha detenido demasiadas veces ante el problema de no visibilizar realidades como las de la mujer en situación de sinhogarismo, justificando simplemente las dificultades sin abordar el hecho de que es la concepción y metodología que definen el consenso mayoritario sobre las personas sin hogar lo que construye la dificultad. Superemos debates encorsetados en interesas particulares, afrontemos, de nuevo pido, la complejidad que exige atender las pobrezas. Las categorías que el ETHOS riguroso de la calle y la emergencia social dejan a un lado, recogen realidades de inestabilidad y vulnerabilidad extremas que son disparaderos a la calle. Las personas migrantes que se encuentran en calle en muchas ciudades y pueblos de Andalucía como temporeras recogiendo olivas, algunas de ellas en albergues pero muchas en asentamientos informales u otro tipo de infraviviendas, han sido meses antes parte de la estadística de atención del Sistema de Asilo y Refugio del Ministerio de Inclusión. Muchas de las mujeres latinoamericanas (las nombro así porque la estadística dice que ese es el perfil mayoritario), que sin permitirles ser empadronadas trabajan en condiciones de semi esclavitud como internas en viviendas para proveer cuidados a personas dependientes, son luego mujeres que piden entrada en recursos de emergencia social (Manzano-Arrondo *et al.*, 2017; López-Carmona, Solórzano y Vera-Baceta, 2023).

La literatura habla de tres cuestiones muy significativas en la tenencia de vivienda por parte de personas extranjeras, en el factor residencial en los movimientos descendentes. La primera es la dificultad jurídica para ser tenedor/a de la que ya hemos hablado, pero que puede ser ampliada a la dificultad jurídica de simplemente ser sujeto de ayudas vinculadas a la vivienda. Una buena parte del parque de vivienda a disposición de entidades sociales, que es en muchos casos el eslabón entre la calle y la autonomía residencial, está cada vez más ligado con condicionamientos de exclusión para personas extranjeras o personas en situación irregular. La exigencia de empadronamientos previos, o de periodos de residencia en los municipios, o en los propios procedimientos de justificación técnica y económica generan una exclusión *de facto* de estos perfiles.

La segunda característica es el hacinamiento habitual en el que vive la población extranjera durante periodos muy prolongados y en los primeros años de llegada y estancia en el país (Tezanos y Tezanos, 2003; Sánchez Morales y Tezanos, 2004; Villa-Rodríguez, de la Fuente-Roldán y Sánchez-Moreno, 2023). Esta condición es particular o especialmente pronunciada en la población migrante y además de hablar de una precarización ya *per se* importante, también deriva a condiciones de interinidad en el disfrute de las viviendas: "Habitación compartida sin ventilación natural en piso compartido sin salón y sin acceso a cocina (para el acceso a la cocina hay que pagar un extra) por 250 euros, sin contrato y sin garantía de permanencia" podría ser un anuncio real en cualquier ciudad española.

En tercer lugar, conviene también introducir la *guetización* a la que tienden muchos flujos migratorios en las ciudades (Tezanos y Tezanos, 2003; Sánchez Morales, 2004; Martínez, 2006). Este proceso habitual de conducción de las personas a barrios periféricos genera impactos que de manera indirecta interfieren en los procesos de integración y generación de apoyo social: saturación desigual de los servicios públicos, aparente competencia por tensión demográfica en determinados barrios, sobrerrepresentación de clichés y configuración de estereotipos que llevan al prejuicio social.

5.4. TRABAJO

La cuestión del trabajo o la garantía de rentas podría ser también objeto de otro capítulo por la extensión de análisis que exige. Más allá de que la falta de acceso al empleo, presenta diferencias cualitativas entre la población migrante y la nacional, principalmente por las limitaciones administrativas asociadas a la condición de irregularidad, la irregularidad sobrevenida o la propia inestabilidad que produce la condición de solicitante de protección internacional —temporal y en ocasiones de carácter discrecional—, el empleo tiene factores de mayor inestabilidad, temporalidad y precariedad en la población extranjera que en la población nacional. Si bien la precariedad del empleo explica ya de manera directa el 26,8% del sinhogarismo (INE, 2022), este factor es más relevante entre la población migrante por tener tasas de precariedad mayores.

El empleo irregular es el ámbito en el que muchas de las personas que migran a España construyen los primeros años de estancia en el país. El itinerario esperado desde la llegada implica la búsqueda de un trabajo cualquiera lo antes posible (la población migrante es menos selectiva que la española en la búsqueda de empleo) para generar unas mínimas condiciones de supervivencia e ir progresando posteriormente hacia un mejor empleo, una vivienda con mejores condiciones y plantear entonces la reagrupación familiar. Sin embargo, se trata, en realidad, de una expectativa que se ve en muchas ocasiones truncada por la inestabilidad de la apuesta. Diversas voces alertan sobre el peligro de vincular el progreso del país a una especie de migración utilitarista que ponga el foco en las personas como recursos productivos de una maquinaria que no cuestione las condiciones del trabajo[3].

6. EPÍLOGO: VOCES DESDE EL CAMPO DE JAÉN A LA GLOBALIZACIÓN DE LA POBREZA

Los sectores con mayor presencia de extranjeros son el empleo en el hogar, con un 44,5%, y el agrario, con un 33,7% de migrantes (Mahía Casado y Medina Moral, 2023). En el campo, principalmente en Cataluña, Murcia y Andalucía, cada año puede haber en

3. Pepe Álvarez, secretario general de UGT, en una tribuna en *elDiario.es* en septiembre de 2024.

torno a 170.000 personas temporeras trabajando de manera regular y algunas fuentes sindicales estimaban en 2016 que esa cifra podría incrementarse en un 20% atendiendo a la presencia de personas trabajando en situación irregular (Taboada, 2016).

Manzano-Arrondo, Pedrosa y Soto (2017) sostienen que los factores estructurales que explican la movilidad descendente son parte de una lógica de necesidades y precarización que se alimentan de un sistema económico capitalista y globalizado que retroalimenta las vulnerabilidades preexistentes. El sistema no ayuda a superar la pobreza extrema que vehicula las vidas de muchas de estas personas migrantes. Al contrario, parece que las necesita ahí, en el sinhogarismo, en la invisibilidad que da la falta de papeles. Así, son peones y súbditos de un modelo productivo que les llama a migrar, que posiblemente primero les expulsó de sus países por una lógica global de personas enriquecidas y empobrecidas y que ahora les acoge desde una compasión humanista que contempla el rostro de la muerte en el Mediterráneo con ternura, pero que al mismo tiempo les dedica condiciones de vida indignas. Somos capaces de conjugar compasión e indignidad pero no de solucionar la ecuación de este sinhogarismo oculto que se apellida en la migración.

Solo desde esa ambivalencia se procuran algunas plazas en albergues rurales para acogerles, o se permiten asentamientos informales junto a casas de aperos en los campos de olivos, o se ofrecen oportunidades de trabajo en el vareo de la aceituna. Pero se hace desde la temporalidad, el hacinamiento y la irregularidad. La lógica del mercado global que expulsa a las personas de sus lugares de origen es la misma que las necesita dispuestas y obedientes, productivas pero alienadas, temporales, irregulares, y les niega su ciudadanía.

Estudiar un fenómeno en su complejidad y no reducirlo a un suspiro nos permite trazar soluciones que apunten a un cambio de sistema. Ante factores estructurales y globales hace falta cuestionar el sistema, no solamente el del derecho a la vivienda sino también el del derecho a migrar, el ya olvidado derecho al asilo, el de que alguien tenga derecho a una vida digna más allá de las condiciones que el azar le haya procurado al nacer y que ya sea en el Aquarius o través de un vuelo, busque también el derecho a participar, a pertenecer a una sociedad, el derecho a la ciudadanía social. El diseño de las políticas sociales, de vivienda o de trabajo y, específicamente, las políticas migratorias son parte de esa ambivalencia. Alimentan soluciones parciales. Todas las estrategias de sinhogarismo detectan la intersección migración y sinhogarismo pero ninguna pone el foco en las soluciones. España dice necesitar la migración para mantener el Estado del bienestar pero alimenta un modelo de acogida e integración que canaliza a las personas extranjeras a la exclusión y que engorda las cifras de sinhogarismo.

BIBLIOGRAFÍA

Alguacil, A., Llano, J. C. y Sanz, A. (2024): *El estado de la pobreza: Seguimiento de los indicadores de la Agenda UE 2030*, Madrid, EAPN España, en https://n9.cl/7vmvs.

Álvarez, P. (2024, 7 de septiembre): "El debate de la inmigración y el mercado de trabajo", *elDiario.es*, en https://n9.cl/qugec.

Arcos, J. M. (2024, 2 de septiembre): "¿De qué trabajan los extranjeros en España? Son uno de cada cuatro ocupados en la hostelería o el campo", *elEconomista.es*, en https://n9.cl/zym6gl.

Cabrera, P. J. (2007): "Exclusión social: Contextos para un concepto", *Revista de Treball Social*, 180, pp. 9-21.

Cabrera, P. J. y Malgesini, G. (2002): *Inmigrantes y sinhogarismo en España. Informe nacional 2001-2002*, Bruselas, FEANTSA.

Calvo, F. *et al.* (2021): "Sinhogarismo y salud mental durante la gran recesión (2008-2017): El efecto de la inmigración", *Revista Española Salud Pública*, 95, pp. 1-15, en https://n9.cl/pnveu.

Contreras-Montero, B. y Calvo, F. (2023): "Personas jóvenes extuteladas y sinhogarismo", *Revista Estudios de la Juventud*, 127, pp. 99-115, en https://n9.cl/w8prz.

De la Fuente-Roldán, I. N.; Fernández, G. y Sánchez-Moreno, E. (2023): *Más allá de la vivienda. Migración y sinhogarismo*, Madrid, FACIAM, en https://n9.cl/p3vcwn.

EAPN (2024): *Estado de la Pobreza en España 2024. Avance de resultados*, en https://n9.cl/axy31t.

European Union Agency for Asylum (2023): *Asylum Report 2023*. European Union Agency for Asylum, en https://n9.cl/j4joq.

Fabra, M. (2021, 20 de diciembre): "La pelea infinita de los supervivientes del 'Aquarius'", *El País*, en https://n9.cl/r4lasf.

Fanjul, G. (2020, 11 de septiembre): "Cinco años después, el legado migratorio de Merkel está por escribir", *El País*, en https://n9.cl/bjunsw.

Fanjul, G. y Gálvez-Iniesta, I. (2022): *Cinco buenas razones para aprobar una regularización extraordinaria de migrantes sin papeles*, Madrid, Fundación porCausa, en https://n9.cl/fngdp8.

FEANTSA (2023): *Eighth overview of housing exclusion in Europe 2023*, Bruselas, FEANTSA, en https://n9.cl/eqnq3.

FOESSA (2022): *Evolución de la cohesión social y consecuencias de la COVID-19 en España*, Madrid, Fundación FOESSA, en https://n9.cl/sq4nz.

Haj Ahmad, M.-T. y Busch-Geertsema, V. (2024): "Homeless migrants and EU mobile citizens in Europe", *Europen Journal of Homelessness*, 18(1), pp. 131-153, en https://n9.cl/4ap1t.

Instituto Nacional de Estadística (2005): *Encuesta sobre las personas sin hogar 2005*, en https://n9.cl/nhaio8.

— (2012): *Encuesta sobre las personas sin hogar 2012*, en https://n9.cl/nhaio8.

— (2022): *Encuesta sobre las personas sin hogar 2022*, en https://n9.cl/nhaio8.

— (2024): *Estadística Continua de Población*. Instituto Nacional de Estadística, en https://n9.cl/ouhfm.

López-Carmona, D.-P., Solórzano, G. y Vera-Baceta, M. Á. (2023): *I Informe sobre el estado de las migraciones y la convivencia intercultural en España*, Murcia, CONVIVE, Fundación Cepaim, en https://n9.cl/8leiq2.

Mahía Casado, R. y Medina Moral, E. (2023): *Informe sobre la Integración de la población extranjera en el mercado laboral español*, Madrid, Ministerio de Inclusión, Seguridad Social y Migraciones.

Manzano-Arrondo, V.; Pedrosa, B. y Soto, J. L. (2017): "Sinhogarismo inmigrante. Un caso de investigación-acción universitaria en el contexto de la recogida de aceituna en Úbeda", *Hábitat y Sociedad*, 10, pp. 223-244, en https://n9.cl/odhb6.

Martínez, J. L. y Fernández, M. (2006): "Inmigración y exclusión social", *Centro de Investigación para la Paz*, pp. 409-439, en https://n9.cl/33o6b.

Ministerio de Derechos Sociales y Agenda 2030 (2024): *Proyecto piloto de recuentos nocturnos de personas sin hogar en España 2023. Informe final 2024*, en https://n9.cl/z7gt6.

Navarro-Lashayas, M. Á. (2016): "El factor diferencial de la migración en las personas sin hogar", *Migraciones*, 39, pp. 67-95, en https://n9.cl/6qeyx.

Parra Berrade, X. (2023): "Futuro&Co, un proyecto de innovación social para la construcción de un modelo emancipador para la juventud sin hogar", *Revista de Estudios de Juventud*, (127), pp. 165-181, en https://n9.cl/xzowky.

Penya i Guilarte, M. y Maranillo-Castillo, L. (2022): "Invisibles, vulnerables, pero resilientes: Mujeres migrantes en situación de sinhogarismo y estrategias de supervivencia femeninas", *Feminismo/s*, 40, pp. 305-335, en https://n9.cl/p6mham.

Sales, A. (2019): *Qui dorm al carrer a Bacelona?*, Barcelona, Àrea de Drets Socials Ajuntament de Barcelona, em https://n9.cl/m9b057.

Sánchez Morales, R. (2011): "En los límites de la exclusión social. Inmigración y sinhogarismo en España", *Papers*, 97(4), pp. 829-847, en https://n9.cl/t9l4n.

Sánchez Morales, R. y Tezanos, S. (2004): "Los inmigrantes 'sin hogar' en España: Un caso extremo de exclusión social", *Revista del Ministerio de Trabajo y Asuntos Sociales*, 55, pp. 45-64, en https://n9.cl/2qiaq.

Taboada, E. (2016, 17 de agosto): "Catalunya mejora el trato a los temporeros, pero persiste un 20% irregular", *El Periódico*, en https://n9.cl/h4pr9.

Tezanos, J. F. y Tezanos, S. (2003): "Inmigración y exclusión social", *Papeles de Economía Española*, 98, pp. 225-237.

Villa-Rodríguez, K. G.; de la Fuente-Roldán, I. N. y Sánchez-Moreno, E. (2023): "Una aproximación a la exclusión residencial que afecta a las mujeres migrantes: El sinhogarismo oculto", *OBETS. Revista de Ciencias Sociales*, 18(2), pp. 397-418, en https://n9.cl/zb77t.

Wolff, J. y De-Shalit, A. (2007): *Disadvantage*, Oxford, Oxford University Press.

CAPÍTULO 4

JUVENTUD Y SINHOGARISMO

IRIA NOA DE LA FUENTE-ROLDÁN
Universidad Complutense de Madrid

En un contexto marcado por la precariedad laboral y un mercado inmobiliario tensionado, las personas jóvenes que residen en España se ven expuestas a un ciclo de inestabilidad que dificulta su transición hacia la vida adulta (Asensio y Serrano, 2024). En el año 2024, el 15,7% de personas de entre 25 y 29 años se encontraba en situación de desempleo, cifra que afectaba al 25% de personas jóvenes de entre 20 y 24 años, y a más del 43% de personas de entre 16 y 19 años (INE, 2024). El desempleo se problematiza ante la realidad de aquellos/as jóvenes que logran acceder al trabajo. La precariedad, principalmente en forma de temporalidad y subocupación, ya afecta al 58% y 36% de jóvenes, respectivamente (Observatorio de las Ocupaciones, 2024). En paralelo, el mercado inmobiliario español presenta barreras complejas para la juventud: menos del 15% de jóvenes estaba emancipado/a en el primer semestre del 2024 (Observatorio de la Emancipación, 2024). Con alquileres medios que rondan los 900 euros mensuales, alcanzando los 1.200 euros en ciudades como Barcelona o Madrid, la vivienda se ha convertido en un bien inaccesible para la mayoría de las personas jóvenes (Consejo de la Juventud de España, 2024). En este escenario de vulnerabilidad económica y social, emerge y se genera el sinhogarismo juvenil, un fenómeno que afecta a las personas de entre 18 y 29 años y que se configura como la manifestación más extrema de la exclusión social que experimenta la juventud residente en España.

La relevancia de abordar el sinhogarismo en el caso específico de las personas jóvenes radica en diferentes aspectos. En primer lugar, se destaca su magnitud. En los últimos años se ha observado un incremento significativo de los procesos de exclusión social en las personas de entre 18 y 29 años, donde la tasa de personas afectadas por la exclusión social severa ha pasado del 6,4% en el año 2007 al 11% en 2024 (Comité Técnico de la Fundación FOESSA, 2024). Esto se ha traducido en diferentes dificultades, incluyendo las residenciales. De hecho, en España, las personas menores de 30 años ya alcanzan en torno al 21,1% del total de la población en situación de sinhogarismo, casi un 2% más que hace una década (INE, 2022).

La vulnerabilidad específica de la juventud sin hogar constituye otro argumento fundamental para su abordaje (Hodgson *et al.*, 2015). Las personas jóvenes en situación de sinhogarismo (PJsSH) confrontan desafíos únicos en su transición hacia la vida adulta (Calvo y Carbonell, 2023), una etapa vital caracterizada por la búsqueda de autonomía e independencia que se ve obstaculizada por la falta de acceso a una vivienda estable y adecuada. Así, también se destaca la importancia de abordar la realidad de las PJsSH por sus consecuencias. En esta línea, se subraya el impacto del sinhogarismo en la salud física y mental de las personas jóvenes; en el mayor riesgo hacia las conductas adictivas; en el aislamiento social y la falta de redes sociales; en el estigma, violencia y discriminación y en las barreras para acceder a los sistemas de protección social, a la educación y al empleo, entre otras cuestiones.

Abordar todos estos aspectos es fundamental pues, como han sostenido Sales, Fisas y Ulldemolins (2023), permite priorizar las intervenciones y políticas preventivas, fundamentales para sortear las numerosas desigualdades que se dan cita en el sinhogarismo juvenil. Cuanto más duraderas sean las experiencias de exclusión residencial, más numerosas serán las dificultades para lograr la inclusión a largo plazo ante la concentración cada vez más intensa de factores de riesgo y vulnerabilidad.

1. EXPLICACIONES AL SINHOGARISMO JUVENIL

Como fenómeno complejo y multicausal, el sinhogarismo que afecta a las personas jóvenes debe ser analizado desde el punto de vista de la interseccionalidad. Este enfoque reconoce que la posición social de las personas está determinada por la interacción de diversos ejes de desigualdad (Hancock, 2007). Así, la perspectiva interseccional no solo implica la suma de desventajas, sino que dirige la mirada a su interacción y a los procesos que las perpetúan. Habitualmente, las cuestiones relacionadas con el género, la etnia o el estatus migratorio han sido clave en este análisis (Crenshaw, 1989). En esta línea, como han sostenido Villa-Rodríguez, de la Fuente-Roldán y Sánchez-Moreno (2023), abordar la realidad de las PJsSH interseccionalmente implica considerar las desigualdades específicas impulsadas por el estatus migratorio (acceso a vivienda insegura ante la irregularidad administrativa), los aspectos raciales (discriminación en el acceso a la vivienda) o el género (violencia machista)[1]. En el contexto de las PJsSH se confirma la importancia de estos elementos de intersección destacándose la presencia cada vez más habitual de mujeres o personas migrantes pero, también, de personas en diferentes situaciones residenciales. Esto contribuye a romper la creencia mantenida en el imaginario social acerca de que la persona en situación de sinhogarismo (PsSH) está ilustrada por un hombre español de mediana edad, con aspecto desaliñado y que construye su vida entre cartones en la vía pública (de la Fuente-Roldán, 2023). Según los últimos datos disponibles (INE, 2022), entre las personas en situación de sinhogarismo menores de 30 años que residen en España, aunque los hombres están sobrerrepresentados, las mujeres son casi el 18%. De la misma manera, alrededor del 76,7% son de origen extranjero. Además, aunque hay mayor presencia de personas jóvenes en las realidades más visibles del sinhogarismo, también

1. Aunque se enfatizan ciertos aspectos de interseccionalidad al analizar el sinhogarismo juvenil, no se niega que existen otros factores de desigualdad como la orientación sexual o la identidad sexogenérica, las creencias religiosas o la diversidad funcional, entre otras (Assiego, 2020).

existe más de un 37% de PJsSH que se residen en pisos ocupados por necesidad, centros de ayuda a las personas refugiadas, pisos de entidades sociales o pensiones (INE, 2022).

El sinhogarismo que afecta a las personas jóvenes es un fenómeno que no se limita a la carencia de vivienda, sino que se explica también a partir de dimensiones personales, socioestructurales, relacionales/familiares y culturales (Sánchez Morales, 2010). La dimensión personal agrupa, principalmente, cuestiones relacionadas con problemas de adicciones, dificultades de salud física y mental y la presencia de sucesos vitales estresantes. Además, el análisis del sinhogarismo que afecta a las personas jóvenes debe incorporar otros aspectos, destacándose la pertenencia a grupos en especial situación de vulnerabilidad —personas LGTBIAQ+, por ejemplo— o la existencia de procesos previos de institucionalización, algo especialmente cierto para aquellas personas jóvenes que han pasado por procesos migratorios iniciados sin personas adultas referentes y responsables de su cuidado (Sales, Fisas y Ulldemolins, 2023), tal y como más adelante se retomará.

Los factores relacionales engloban aspectos vinculados con la fragilidad de los lazos sociales y las redes de apoyo, la conflictividad en las relaciones interpersonales y los cambios en las estructuras familiares, que tienden hacia una creciente individualización, considerada un factor de riesgo para la exclusión social (Sánchez Morales, 2010). En el caso concreto de las PJsSH, la conflictividad y ruptura de las relaciones familiares aparece como detonante habitual de las trayectorias de exclusión en las que se ve inmerso este grupo de población (de la Fuente-Roldán *et al.*, 2022). En el caso específico de las mujeres jóvenes, es especialmente llamativa la violencia sufrida —física, psicológica y sexual— tanto dentro como fuera del núcleo familiar, así como antes y durante la situación de sinhogarismo (de la Fuente-Roldán y Sánchez-Moreno, 2023).

Los factores culturales abordan el sinhogarismo como resultado de la erosión de las formas tradicionales de solidaridad y la transformación de los valores que sustentaban la cohesión social (Sánchez Morales, 1999). El cambio en los valores sociales ha influido especialmente en la percepción del sinhogarismo juvenil.

En un contexto donde prima la individualización y la meritocracia, las dificultades de vivienda se asocian con el fracaso personal. Esto genera discriminación y estigmatización, dificultando creación de redes de solidaridad que faciliten la inclusión social de las PJsSH.

Por último, los factores de tipo socioestructural explican el sinhogarismo juvenil a partir de las cuestiones avanzadas al inicio de este capítulo, donde a la precariedad del empleo y de la vivienda se suma, entre otras, la vulnerabilidad impuesta por las crisis sociales y económicas acontecidas. En poco más de una década, la juventud residente en España ha sufrido el impacto de dos crisis que han trastocado su bienestar presente y a sus expectativas de futuro, incrementando las situaciones de pobreza juvenil (Asensio y Serrano, 2024). Así, se podría afirmar que el escenario social del sinhogarismo que afecta a las personas jóvenes está especialmente marcado por la crisis financiera de 2008 y la crisis sociosanitaria provocada por la pandemia de la COVID-19 (de la Fuente-Roldán *et al.*, 2022). No solo eso, las crisis migratorias han tenido un papel esencial pues si algo caracteriza la realidad de las PJsSH, es su origen migrante.

2. PROCESOS MIGRATORIOS Y SINHOGARISMO JUVENIL

Los datos sobre migración juvenil en España muestran un aumento significativo en los últimos años. Durante 2023, al menos 564.279 personas de hasta 29 años migraron a España desde el extranjero, un 32% más que en el año 2021 (INE, 2023). La cifra de menores de entre 14 y 29 años —edades habituales en las personas jóvenes que migran— también se ha visto incrementada durante este periodo en más de 125.000 personas. De la misma manera, los procesos migratorios irregulares, que son los que más riesgo generan, han experimentado una tendencia creciente. Según el Ministerio del Interior (2024), en 2023 se registraron 56.852 llegadas irregulares, un aumento del 82% respecto al año anterior. Este incremento continuó en 2024, con un total de 63.970 personas migrantes que entraron en España sin su situación administrativa regularizada. Este aumento en los flujos migratorios, sobre todo los de carácter irregular, ha tenido un impacto directo en la composición demográfica de determinados grupos vulnerables, como es la de las PJsSH procedentes del extranjero. Se trata de una ciudadanía que se encuentra en un periodo vital complejo que se complica aún más por la trayectoria migratoria.

La composición demográfica de las PJsSH de origen migrante —el 76,7% del total— también es relevante. Con una edad media de algo más de 23 años y siendo mayoritariamente hombres (85,8%), existe también un 14,2% de mujeres (INE, 2022). Además, destaca la presencia de personas provenientes de África (77%), seguidas por América (17,5%). El predominio de hombres es especialmente notable en la población de origen africano, donde más del 90% son hombres, en contraste con el 10% de mujeres jóvenes sin hogar procedentes de este continente. Aunque la presencia de mujeres es menor en todos los orígenes, están más presentes entre las personas nacidas en América (38,4%) y en países europeos no pertenecientes a la Unión Europea (44,4%) (ibíd.). En cualquier caso, se trata de procesos migratorios recientes. De hecho, casi el 60% de las PJsSH migrantes señala llevar en España como máximo un año, y un 80% lleva un máximo de tres años. Además, la mayoría de estas personas (40,9%) lleva entre uno y tres años en situación de sinhogarismo (INE, 2022). Es decir, una exclusión social y residencial que se inicia prácticamente desde su llegada a España.

Aunque más del 74% de PJsSH extranjeras atribuyen su situación directamente al proceso migratorio, un 8,7% señala que se encuentra en esta situación tras haber salido de centros de menores. Este porcentaje, aunque aparentemente pequeño, evidencia una brecha en los sistemas de protección y apoyo a la transición a la vida adulta, especialmente para aquellas personas que han estado bajo en un sistema de protección a niños, niñas y adolescentes que no siempre tiene el alcance y la eficacia debida y que, según el INE (2022), es la realidad del 6% de PJsSH extranjeras que afirman que hasta que cumplieron los 18 años habían estado viviendo en instituciones de protección a la infancia.

En España, es el sistema de protección a la infancia quien asume la tutela y la guarda de los niños, niñas y adolescentes migrantes que entran en el país sin personas adultas referentes. Las modalidades de acogida son variadas, pero es habitual la tutela en centros residenciales, donde residen hasta cumplir los 18 años. Aunque para la mayoría de los y las adolescentes alcanzar la mayoría de edad representa un hito significativo, no siempre es así para la juventud en situación de tutela: la salida del sistema de protección implica la necesidad de asumir una autonomía para la que, en muchos casos, no cuentan con los recursos ni las habilidades necesarias (Contreras-Montero y Calvo, 2023), sobre todo si se suman elementos de vulnerabilidad como la trayectoria migratoria. Como resultado, la llegada a la mayoría de edad se convierte en un factor de riesgo hacia la exclusión social. Ello lleva a que un número considerable de estas personas jóvenes, una vez son expulsadas del sistema de protección a la infancia, y ante la incapacidad e ineficacia de otros sistemas, acaben en la red de protección al sinhogarismo.

2.1. RETOS DE LA JUVENTUD MIGRANTE EN SITUACIÓN DE SINHOGARISMO

La movilidad de las personas jóvenes migrantes que se encuentran en situación de sinhogarismo responde a diferentes necesidades y situaciones. En muchos casos, son niños, niñas y adolescentes que huyen de la pobreza, de conflictos armados y de otras formas de violencia en sus países de origen (Ruiz Mosquera *et al.*, 2019). En otras ocasiones, en lugar de estar motivadas por la necesidad de escapar de su entorno, sus trayectorias están determinadas por la búsqueda de oportunidades para obtener recursos económicos. En realidad, la mayoría de las PJsSH migrantes llegan con la expectativa de encontrar empleo, por lo que su proceso de salida de la situación de sinhogarismo depende de lograr estabilidad económica y habitacional. Como resultado, las estrategias de intervención tradicionales dejan de ser prioritarias ante un escenario marcado por las dificultades derivadas de la irregularidad administrativa y los traumas experimentados a lo largo del proceso migratorio (Sales, Fisas y Ulldemolins, 2023).

La regularización de la situación migratoria constituye una herramienta clave para prevenir el sinhogarismo, al ser un elemento esencial para garantizar sus derechos fundamentales y mejorar las perspectivas de futuro de la población migrada. Bajo esta consideración, el 19 de octubre de 2021, se llevó a cabo una modificación en el Reglamento de la Ley Orgánica 4/2000, que regula los derechos y libertades de las personas extranjeras en España y su integración social, enfocada en reducir la vulnerabilidad de dos grupos clave: menores extranjeros/as no acompañados/as y jóvenes extutelados/as.

La normativa anterior generaba que muchos niños, niñas y adolescentes de origen extranjero, al alcanzar la mayoría de edad, se encontraran en una situación de irregularidad sobrevenida. Esta condición no solo implicaba las dificultades propias de la falta de documentación, sino que además limitaba el acceso de los/las jóvenes extutelados/as a la mayoría de los programas de apoyo para su emancipación. Con esta reforma, se buscó limitar las barreras administrativas que afectaban a esta población. Para los/as menores no acompañados/as, al menos sobre el papel, la reforma acelera el procedimiento de documentación, simplificando los trámites y reduciendo los plazos, al tiempo que les otorga habilitación para trabajar a partir de los 16 años, lo que facilita su integración laboral temprana. En cuanto a las personas jóvenes extuteladas, la reforma establece distintas medidas según su situación. Para aquellas personas que alcanzan la mayoría de edad estando documentadas, se crea un régimen que da continuidad a la autorización de trabajo que ya tenían como menores; para los que llegan a la mayoría de edad sin documentación, la reforma habilita un procedimiento específico para documentar las situaciones, buscando una mayor flexibilidad en la regularización (Ministerio de Inclusión, Seguridad Social y Migraciones, 2024).

En mayo de 2025 entrará en vigor una nueva reforma de la Ley de Extranjería[2], que introducirá diversos cambios, especialmente

2. Real Decreto 1155/2024, de 19 de noviembre, por el que se aprueba el Reglamento de la Ley Orgánica 4/2000, de 11 de enero, sobre derechos y libertades de los extranjeros en España y su integración social.

en las formas de arraigo. Entre las principales modificaciones, está la reducción de los periodos de residencia exigidos y la incorporación de nuevas modalidades, como el arraigo socioformativo, que permitirá a las personas en situación irregular regularizar su situación mediante estudios en curso, otorgándoles la posibilidad de trabajar hasta 30 horas semanales durante su formación. Esta reforma será especialmente relevante para las PJsSH, ya que les ofrecerá nuevas oportunidades para obtener un estatus legal en España, mejorando sus condiciones de vida. La introducción del arraigo socioformativo les permitirá acceder a la educación como una herramienta para salir de la precariedad, al mismo tiempo que facilitará su incorporación al mercado laboral. La posibilidad de trabajar mientras estudian resulta fundamental para que estas personas jóvenes generen ingresos propios, favoreciendo así su autonomía económica y su inclusión social.

En general, la reforma de 2021 —al igual que se espera de la que entrará en vigor en 2025— ha supuesto un avance en la protección y los derechos de las personas jóvenes migrantes. Sin embargo, dicho avance ha sido limitado y, en algunos aspectos, cuestionable. Por ejemplo, será necesario analizar el impacto que tendrá en la realidad de las personas migrantes solicitantes de asilo y refugio el hecho de que el periodo de solicitud deje de computar a efectos de arraigo. Esta medida puede prolongar su situación administrativa irregular y, con ello, aumentar su permanencia en una situación de vulnerabilidad, al dificultar su integración y el acceso a derechos básicos. Así, es necesario seguir trabajando en la implementación efectiva de medidas que eliminen las barreras sociales y administrativas que aún persisten: burocracia, sistemas de información y citación que no funcionan, falta de recursos en programas de acogida, barreras lingüísticas y culturales, falta de redes sociales, aislamiento social, aporofobia y, muy habitualmente, el racismo estructural e inmobiliario. Esto se traduce en la negación de oportunidades equitativas de acceso a la vivienda y a recursos habitacionales para determinados grupos raciales o étnicos (Contreras-Montero y Calvo, 2023) y, además, en la dificultad para acceder a otros derechos sociales como el empleo, la sanidad o la educación. De hecho, la necesidad de tener un contrato de trabajo como uno de los requisitos para acceder al arraigo, sigue siendo el elemento crítico para la población joven migrante que, a la falta de formación y experiencia, suma la irregularidad administrativa como un escollo casi insalvable reforma legal tras reforma legal, pese a que la propia legislación establezca el procedimiento para poder sortearlo bajo la condición de ciudadanía.

En definitiva, tanto los niños, niñas y adolescentes no acompañados y extutelados, como los y las jóvenes que han migrado siendo mayores de edad, enfrentan necesidades y dificultades específicas que deben ser atendidas de manera diferenciada (Fernández Aragón y Moreno Márquez, 2023). Esto enfatiza la importancia de conceder de manera ágil y flexible la regularidad administrativa, fortaleciendo los procesos de transición a la vida adulta mediante la puesta en marcha de políticas migratorias, de empleo y de vivienda, pero también, a través de la sensibilización social para combatir el racismo, la xenofobia y la discriminación que limitan sus derechos.

3. APOROFOBIA Y VIOLENCIA EN PERSONAS JÓVENES AFECTADAS POR EL SINHOGARISMO

Es innegable que el racismo y la xenofobia desempeñan un papel fundamental en las trayectorias de sinhogarismo que afectan a las personas migrantes. Junto a ello, se puede afirmar que, con distinta intensidad, las actitudes discriminatorias y la victimización también se convierten en una realidad cotidiana a la que deben enfrentarse las PsSH en general, y las PJsSH en particular, independientemente de su origen.

La violencia que enfrentan las PJsSH puede ser directa, simbólica o cultural, pero también estructural (Galtung, 1969). La violencia directa se refiere a cara más visible de la victimización, que aparece, principalmente, en forma de agresiones físicas, verbales y sexuales. En este sentido, más del 28% de las PJsSH señala haber sido víctima de violencia verbal, destacándose también la violencia física (15,8%) o las agresiones sexuales (2,5%) (INE, 2022). Además, la violencia de género es un factor adicional entre las personas jóvenes, donde las mujeres y personas LGTBIAQ+ enfrentan tasas más elevadas de violencia (Wendt, Natalier y Goudie, 2024; Noor, 2022). El riesgo de las mujeres hacia la violencia sexual es especialmente alarmante. Los datos disponibles revelan una mayor prevalencia de este tipo de violencia entre las mujeres jóvenes en comparación con los hombres (INE, 2022).

La violencia simbólica o cultural hace referencia a las formas de opresión que se ejercen de manera implícita y que refuerzan la posición de desventaja de ciertos grupos (Bourdieu, 1989). En el caso de las PJsSH, esta violencia se manifiesta en estereotipos negativos, criminalización y estigmatización social. Las narrativas que los presentan como personas responsables de su situación, en lugar de reconocer las estructuras que dirigen al sinhogarismo, dificultan la generación de políticas inclusivas y agravan su exclusión.

Por último, la violencia estructural se manifiesta a través de la falta de acceso a derechos básicos como la vivienda, la educación, la sanidad, los servicios sociales o el empleo. Las políticas públicas, en muchos casos, no contemplan respuestas integrales que atiendan las necesidades específicas de las PJsSH, lo que perpetúa su exclusión social. Además, la intersección con factores como la migración y la situación administrativa irregular, como antes se señalaba, agrava aún más su vulnerabilidad, al enfrentarse a barreras adicionales en el acceso a servicios esenciales.

Como han señalado Puente Guerrero y García Domínguez (2023), toda esta violencia suele ser resultado de la aporofobia. La aporofobia se refiere a una forma específica de discriminación que afecta a quienes se encuentran en situación de pobreza por el mero hecho de ser pobres (Cortina, 2017). En este contexto, no resulta sorprendente que las PJsSH sean uno de los grupos más afectados por esta problemática. De hecho, en España, aproximadamente la mitad (46,9%) de las PJsSH han experimentado discriminación debido a su situación de sinhogarismo. La discriminación es percibida por el 39,5% de mujeres (frente al 47,5%

de hombres), por el 45,3% de personas migrantes, y por el 34,5% de mujeres jóvenes que han atravesado por procesos migratorios (frente al 47,1% de hombres jóvenes migrantes) (INE, 2022). Así, aunque los hombres jóvenes sin hogar suelen reportar mayor discriminación, proporcionalmente las mujeres —sobre todo migrantes—, suelen estar más expuestas a situaciones de discriminación (ibíd.).

El impacto de la violencia y la discriminación, sumado a la escasa denuncia de las victimizaciones sufridas[3], evidencia que estos factores no solo contribuyen a la aparición del sinhogarismo en la población joven, sino que también lo perpetúan al reforzar las desigualdades estructurales. Esta realidad no solo limita sus oportunidades de inclusión social, sino que también incide negativamente en su bienestar y calidad de vida, especialmente en términos de salud física y mental.

4. LA SALUD FÍSICA Y MENTAL DE LAS PERSONAS JÓVENES EN SITUACIÓN DE SINHOGARISMO

Así, se llega a otra de las dimensiones que se ven problematizadas en el sinhogarismo juvenil. Como se ha señalado, las PJsSH enfrentan múltiples desafíos que impactan su bienestar físico y mental, lo que provoca un deterioro progresivo de su salud. Aunque este deterioro puede ser un factor que impulse el sinhogarismo, también surge como una consecuencia directa del mismo, contribuyendo a su perpetuación.

Desde el punto de vista de la salud física, cuando se pregunta a las PJsSH "¿cómo es tu estado general de salud?", casi el 80% señala que su salud es buena o muy buena (INE, 2022). De hecho, comparado con otros grupos de edad, las PJsSH presentan una percepción más positiva de su estado de salud. Sin embargo, esta

3. Según los últimos datos disponibles (INE, 2022), entre todas las PJsSH que referían haber sido víctimas de un delito, más de la mitad no había interpuesto una denuncia. De estas personas, casi el 20% señalaba no haberlo hecho por pensar que no tenía utilidad, respuesta que era la más repetida.

percepción subjetiva no implica que las PJsSH sean inmunes a los problemas de salud. Al contrario, la exposición constante a condiciones de vida adversas representa un riesgo significativo. Según el INE (2023), el 13% de las PJsSH afirman tener alguna enfermedad diagnosticada. Entre aquellas PJsSH que afirman tener diagnosticada alguna enfermedad, casi un 29% refiere tener diagnosticado un trastorno mental, seguido por enfermedades respiratorias y digestivas (21,3%), endocrinas o metabólicas (15,7%), o del sistema óseo (11,8%). La realidad de salud se ve problematizada en el caso de las mujeres. De hecho, en el contexto del sinhogarismo juvenil, son las mujeres las que evalúan peor su salud. Si la autopercepción positiva del estado de salud está presente en el 82,3% de hombres jóvenes sin hogar, solo llega al 67,3% de mujeres. Por su parte, las mujeres jóvenes migrantes (72,3%), menos habitualmente que los hombres de origen extranjero (84%), perciben su salud como buena o muy buena (INE, 2022).

Además de las enfermedades y problemas de salud existentes, el análisis del sinhogarismo juvenil requiere considerar otras dimensiones que no siempre están garantizadas para esta población, como el acceso a una alimentación adecuada. Según el INE (2022), aproximadamente el 6% de las PJsSH han dejado de comer en algún momento del día, principalmente por no encontrar un lugar donde hacerlo o por no disponer de los recursos económicos suficientes para cubrir esta necesidad básica. Otros estudios han identificado dificultades aún mayores, señalando que alrededor del 40% de las PJsSH enfrentan problemas de acceso a la alimentación (de la Fuente-Roldán *et al.*, 2022). Nuevamente, se trata de un riesgo que afecta más habitualmente a las mujeres jóvenes sin hogar y, en este caso, a las PJsSH de origen español (ibíd.). Lo que es evidentes es que una alimentación inadecuada, sumada a otras dificultades, incrementa significativamente el riesgo de padecer diversas enfermedades y problemas de salud (Edidin *et al.*, 2011).

Esta realidad de salud, incluida la dificultad en el acceso al derecho a la alimentación, está estrechamente vinculada a un mayor deterioro psicológico. Existe una amplia bibliografía que aborda los problemas de salud mental en las PsSH, señalando que, en comparación con la población general, las PsSH —especialmente las más jóvenes—presentan una mayor incidencia de problemas mentales (Armoon, Mohammadi y Griffiths, 2024). Los datos del INE (2022) apuntan a que el 21,4% de las PJsSH tienen activo algún tipo de cuadro depresivo. Sin embargo, hay trabajos que sostienen que el deterioro psicológico está presente en alrededor del 77% de PJsSH (Sánchez-Moreno *et al.*, 2024). Si se tiene en cuenta la interseccionalidad, el género aparece de nuevo como una dimensión fundamental. Así, por ejemplo, los cuadros depresivos están especialmente presentes en las mujeres jóvenes sin hogar (29,4% frente al 20,2% de hombres). En este caso, las PJsSH de origen extranjero parecen presentar una mejor salud mental: el 19,1% padece algún tipo de cuadro depresivo, en contraste con el 39% de las PJsSH de origen español (ibíd.).

Ante la acumulación de sucesos vitales estresantes (Guillén *et al.*, 2020), la depresión, la ansiedad y el trastorno de estrés postraumático son diagnósticos recurrentes en esta población (Tyler y Schmitz, 2018). Además, los intentos de suicidio (Labelle *et al.*, 2021) y la adicción a sustancias (Dawson-Rose *et al.*, 2020) son otras de las realidades habituales, muchas veces usadas como estrategia de afrontamiento ante el sufrimiento psicológico y la compleja realidad que la situación de sinhogarismo impone.

Ahora bien, reducir el fenómeno del sinhogarismo juvenil al consumo de sustancias o a los problemas de salud mental impide comprender que estas situaciones ocurren en entornos donde operan fuerzas más complejas que moldean dichas experiencias. Si bien estos factores pueden influir en la aparición, desarrollo y mantenimiento del sinhogarismo, su explicación y, por tanto, su erradicación, dependen de factores socioestructurales (de la Fuente-Roldán, 2016). Así, es fundamental reconocer que los problemas físicos, psicológicos o las adicciones deben entenderse como factores de vulnerabilidad que influyen en las experiencias personales. En este sentido, el papel de los sistemas de protección social y, en particular, el acceso a la atención sanitaria resulta esencial. De hecho, una de las dimensiones más problematizadas de la realidad que afecta a las PJsSH en general, y a las de origen migrante en particular, es precisamente el acceso a la atención de su salud y, con ello, a los derechos sanitarios. Un dato evidente está en la tarjeta sanitaria: más del 40% de PJsSH carecen de tarjeta sanitaria, la mayoría por dificultades administrativas (74,3%) (INE, 2022). Esto también tiene su reflejo en el uso de los servicios sanitarios, o más bien, en el no uso. Una parte importante de las PJsSH con enfermedades diagnosticadas no está en tratamiento o no realiza seguimiento de su enfermedad pese a necesitarlo (de la Fuente-Roldán *et al.*, 2022). Así, se puede señalar que la falta de acceso a servicios de salud contribuye al agravamiento de condiciones médicas y psicológicas, reforzando que las condiciones de vulnerabilidad deriven en la exclusión social extrema.

5. LAS RELACIONES SOCIALES Y EL APOYO SOCIAL

Al hablar de sinhogarismo juvenil es imprescindible también atender los "déficits y carencias que se derivan de no participar en las relaciones [sociales] y comunitarias que se establecen en el marco del hogar" (Sánchez Morales, 1999: 28). En este sentido, el aislamiento social y la falta de apoyo social se configuran como factores de riesgo en la aparición y desarrollo del sinhogarismo en las personas jóvenes. De hecho, diversas investigaciones han evidenciado que el aislamiento social incrementa la vulnerabilidad frente a distintos problemas, incluidos los de salud mental (Sánchez-Moreno y de la Fuente-Roldán, 2024; Fulginiti *et al.*, 2022).

Es preciso enfatizar que el aislamiento social puede ser un efecto del sinhogarismo, pero que, en el caso de las PJsSH, adquiere un papel causal fundamental. Dicho de otra forma, se mantiene que el aislamiento social y la carencia/escasez de apoyo social supone un factor de riesgo para el sinhogarismo, especialmente en el caso de las personas jóvenes, donde su realidad relacional está marcada por los bajos niveles de apoyo social. Algunos trabajos muestran que menos de un 8% de las PJsSH refieren niveles altos de apoyo social (de la Fuente-Roldán *et al.*, 2022), lo que ilustra la soledad que, de manera mayoritaria, afecta a esta ciudadanía. Esta soledad también se ve ilustrada por el hecho de que el 53,1% de PJsSH que residen en España afirman pasar el día solas y que tan solo el 40% afirma tener algún amigo/a con el que está seguro de poder contar en caso de apuro o necesidad (INE, 2022). La soledad referida está especialmente presente en los hombres jóvenes y en las PJsSH de origen extranjero. Ambos grupos afirman menos frecuentemente que cuentan con amistades que les puedan ayudar en caso de necesitarlo.

A la precariedad del apoyo social se suma la escasez de contactos que las PJsSH mantienen con su entorno, especialmente con sus familias. Según el INE (2022), alrededor de un tercio de las PJsSH no ha mantenido relaciones con sus progenitores en el último mes. En esta línea, las relaciones familiares suelen estar marcadas por la conflictividad, lo que agrava su situación. Diversos estudios han identificado los conflictos familiares como uno de los principales factores desencadenantes del sinhogarismo en jóvenes. Las tensiones o rupturas con las figuras adultas de referencia pueden tener múltiples causa. En todo caso, el rechazo por motivos personales (identidad u orientación sexual), dificultades en el ámbito educativo, implicación en actividades delictivas, problemas de salud mental o consumo de sustancias, así como experiencias de abuso sexual o maltrato físico y emocional, suelen ser situaciones habitualmente presentes en las trayectorias de sinhogarismo de las personas jóvenes (Mayock *et al.*, 2010).

Las relaciones de amistad adquieren una relevancia particular, ya que ofrecen espacios de intercambio que no solo canalizan el apoyo social, sino que también permiten la construcción de referentes. Esto es especialmente significativo si se consideran las dificultades que enfrentan para establecer vínculos significativos que les sirvan de guía en su proceso de crecimiento y transición a la vida adulta. Cuando la familia no está presente, resulta fundamental reconstruir estos procesos en otros espacios. De ello se deriva el gran potencial que tiene la incorporación de este y otras dimensiones relacionales en los procesos de intervención y en el diseño de políticas sociales de atención, que deben incidir de manera esencial en aquellos aspectos que articulan y facilitan la participación social y comunitaria (Chamberlain y Johnson, 2013). Esta participación comunitaria incluye tanto la participación formal (acceso a las instituciones comunitarias y los sistemas de protección social y empleo), como la participación informal (amistades, vecindad, etc.), incluyendo el ocio, especialmente útil para generar nuevos marcos relacionales en la población joven. Con ello, la consideración de los aspectos sociales y comunitarios dirige la mirada a abordar el sinhogarismo juvenil desde un enfoque de derechos sociales y humanos (Gaetz *et al.*, 2018).

En definitiva, las barreras a la participación social y las dificultades de acceso a los recursos comunitarios deberían representar un eje específico de intervención y análisis en el contexto del sinhogarismo juvenil. Si bien los problemas relacionales se configuran como un factor precipitante, también desempeñan un papel clave para combatir las desigualdades sociales (Fernández Maíllo, 2019). El apoyo y relaciones sociales y comunitarias facilitan el acceso de las PJsSH a recursos, servicios y oportunidades que, de otro modo, les resultarían difícilmente accesibles (González-Arellano y de Luis Romero, 2024).

6. A MODO DE CONCLUSIÓN

El sinhogarismo juvenil es la manifestación más extrema de la exclusión social que afecta a las personas jóvenes. La dificultad para acceder a un empleo estable y a una vivienda adecuada ha llevado a un incremento de esta problemática, aunque no de la misma manera para todo el conjunto de la población. Así, como se ha tratado de mostrar, la interseccionalidad es clave para entender este fenómeno, ya que factores como el género o el origen migrante desempeñan un papel fundamental en la configuración de las trayectorias de exclusión.

Además, se ha apuntado que el sinhogarismo juvenil es el resultado de un entramado de factores personales, relacionales y socioestructurales. Las PJsSH enfrentan mayores tasas de violencia, discriminación y aporofobia, lo que refuerza los ciclos de exclusión y limita sus oportunidades de integración. Además, su salud física y mental se ve afectada por las condiciones adversas en las que viven, la falta de acceso a la atención social y sanitaria, los problemas de alimentación y el impacto de experiencias traumáticas, lo que puede incrementar el riesgo hacia los trastornos psicológicos y las conductas adictivas. Si a todo ello se incorpora la migración o la existencia de procesos previos de institucionalización, el riesgo se multiplica.

Si bien la vivienda es un elemento fundamental en la atención al sinhogarismo, las relaciones interpersonales y la participación social y comunitaria juegan un papel igualmente esencial en la erradicación del sinhogarismo juvenil. La ausencia de redes de apoyo y la ruptura de los vínculos familiares bien por conflicto, bien por la existencia de procesos migratorios, son elementos que no solo favorecen la entrada en situaciones de sinhogarismo, sino que también dificultan salir de las mismas. Así, es fundamental que las políticas públicas y la intervención social no solo se enfoquen en proveer vivienda y empleo, sino también en fortalecer los lazos sociales de la juventud en situación de sinhogarismo. La promoción de espacios de participación comunitaria, el acceso a redes de apoyo y la implementación de programas que faciliten la inclusión en la vida social son medidas imprescindibles para prevenir y reducir el impacto de este fenómeno.

En última instancia, el abordaje del sinhogarismo que afecta a las personas menores de 30 años debe ir más allá de una respuesta asistencialista y centrarse en garantizar derechos, fortalecer la cohesión social y construir comunidades más inclusivas que no dejen atrás a quienes se encuentran en situación de mayor vulnerabilidad. Todo ello en el marco de solventar una de las grandes contradicciones que afecta a las PJsSH: la exigencia de que en un corto periodo de tiempo completen una serie de objetivos de autonomía y emancipación que jamás se plantearían para la población joven no afectada por la exclusión social (de la Fuente-Roldán *et al.*, 2022). Solo así se podrá romper el ciclo de la invisibilidad y la exclusión, reconstruyendo una realidad donde los procesos de transición a la vida adulta no sean una responsabilidad individual, sino un proceso acompañado por el compromiso colectivo.

BIBLIOGRAFÍA

Armoon, B.; Mohammadi, R. y Griffiths, M. D. (2024): "The Global Prevalence of Non-suicidal Self-injury, Suicide Behaviors, and Associated Risk Factors Among Runaway and Homeless Youth: A Meta-analysis", *Community Mental Health Journal*, 60(5), pp. 919-944, en https://n9.cl/v1n17t.

Asensio, M. y Serrano, J. (2024): "La juventud española: empleo precario y vivienda inaccesible", *Cuadernos de Información Económica*, (299), en https://n9.cl/f2sikb.

Assiego, V. (2020): *Sinhogarismo y diversidad. Los 7 ejes fantásticos de una intervención interseccional*, Madrid, FACIAM, en https://n9.cl/6qwby.

Calvo, F. y Carbonell, X. (2023): "La salud de las personas jóvenes en situación de sinhogarismo: un estudio de cohortes y ecológico", *Revista de Estudios de Juventud*, (127), pp. 99-115, en https://n9.cl/87acd.

Chamberlain, C. y Johnson, G. (2013): "Pathways into adult homelessness", *Journal of Sociology*, 49(1), pp. 60-77, en https://n9.cl/hndq5.

Comité Técnico de la Fundación FOESSA (2024): *La sociedad del riesgo: hacia un modelo de integración precaria*, Madrid, Fundación FOESSA y Cáritas Española, en https://n9.cl/99fna2.

Consejo de la Juventud de España (2024): *Un problema como una casa. Informe sobre las condiciones de la juventud emancipada en España*, Madrid, Consejo de la Juventud de España, en https://n9.cl/e7iel.

Cortina, A. (2017): *Aporofobia, el rechazo al pobre: un desafío para la sociedad democrática*, Barcelona, Paidós.

Crenshaw, K. (1989): "Demarginalizing the Intersection of Race and Sex: A Black Feminist Critique of Antidiscrimination Doctrine, Feminist Theory and Antiracist Politics", *University of Chicago Legal Forum*, 1989(1), pp. 139-167, en https://n9.cl/3w2xn.

Dawson-Rose, C. *et al.* (2020): "Trauma, Substance Use, and Mental Health Symptoms in Transitional Age Youth Experiencing Homelessness", *Public Health Nursing*, 37(3), pp. 363-370, en https://n9.cl/gl9se.

De la Fuente-Roldán, I. N. (2023): "La realidad conceptual del sinhogarismo", *Cuadernos de Trabajo Social*, 36(1), pp. 61-71, en https://n9.cl/3be20c.

De la Fuente-Roldán, I. N. y Sánchez-Moreno, E. (2023): "Discriminación, violencia y exclusión social: una aproximación a la realidad de las personas en situación de sinhogarismo y exclusión residencial", *Itinerarios de Trabajo Social*, (3), pp. 14-22, en https://n9.cl/4mqgg.

De la Fuente-Roldán, I. N. *et al.* (2022): *Más allá de la vivienda. Juventud y sinhogarismo*, Madrid, Red FACIAM, en https://n9.cl/vnvc6.

Edidin, J. P. *et al.* (2012): "The mental and physical health of homeless youth: a literature review", *Child psychiatry and human development*, 43(3), pp. 354-375, en https://n9.cl/9nd59.

Fernández Aragón, I. y Moreno Marquez, G. (2023): "Personas jóvenes extranjeras y sinhogarismo en el País Vasco o cómo convertir la vulnerabilidad residencial en exclusión social", *Revista de Estudios de Juventud*, (127), pp. 61-79, en https://n9.cl/44exf.

Fernández Maíllo, G. (coord.) (2019): *VIII Informe sobre Exclusión y Desarrollo Social en España*, Madrid, Fundación FOESSA y Cáritas Española.

Fulginiti, A. *et al.* (2022): "Does the Source Matter? Social Support and Suicide Attempts Among Homeless Youth", *Death Studies*, 46(4), pp. 824-831, en https://n9.cl/n2y9m.

Gaetz, S. *et al.* (2018): *Report 6: Duty to Assist a Human Rights Approach to Youth Homelessness*, Toronto, Canadian Observatory on Homelessness Press, en https://n9.cl/3jqc4v.

Galtung, J. (1969): "Violence, peace and peace research", *Journal of Peace Research*, 6(3), pp. 167-191, en https://n9.cl/jgzyp.

González-Arellano, J. y de Luis Romero, E. (2024): "Desinstitucionalización y Derechos Humanos: Finlandia y la Lucha para Erradicar el Sinhogarismo (2007-2023)", *Papeles: El Tiempo de los Derechos*, 10, en https://n9.cl/fs9l2l.

Guillén, A. I. *et al.* (2020): "Substance use, stressful life events and mental health: A longitudinal study among homeless women in Madrid (Spain)", *Addictive Behaviors*, 103, 106246, en https://n9.cl/u94mo.

Hancock, A. M. (2007): "When multiplication doesn't equal quick addition: Examining intersectionality as a research paradigm", *Perspectives on politics*, 5(1), pp. 63-79, en https://n9.cl/i8gm4.

Hodgson, K. J. *et al.* (2013): "Psychopathology in young people experiencing homelessness: a systematic review", *American Journal of Public Health*, 103(6), e24-e37, en https://n9.cl/pqyqi.

Instituto Nacional de Estadística (2022): *Encuesta sobre personas sin hogar (INE-EPSH-personas). Microdatos*, INE, em https://n9.cl/diqvry.

— (2023): *Estadística de Migraciones y Cambios de Residencia*, INE, en https://n9.cl/ar76x4.

— (2024): *Encuesta de Población Activa*, INE, en https://n9.cl/r8jb.

Labelle, R. *et al.* (2020): "Mental Health, Suicidal Behaviour, and Primary Healthcare Among Homeless Youth", *Canadian Journal of Community Mental Health*, 39(4), pp. 25-38, en https://n9.cl/u20vc.

Observatorio de la Emancipación (2024): *Informe estatal. Primer semestre de 2024. Consejo de la Juventud de España*, en https://n9.cl/946my.

Observatorio de las Ocupaciones (2024): *Informe del Mercado de Trabajo de los Jóvenes Estatal. Datos 2023*, Servicio Público de Empleo Estatal, en https://n9.cl/e5btv.

Puente Guerrero, P. y García Domínguez, I. (2023): "Experiencias de discriminación, violencia, victimización y relación con el sistema de justicia de las y los jóvenes en situación de sinhogarismo en España. Un análisis criminológico de la Encuesta a las personas sin hogar de 2022", *Revista de Estudios de Juventud*, (127), PP. 131-146, en https://n9.cl/tvl6do.

Mayock, P., Corr, M. L. y O'Sullivan, E. (2010): *Young people's homeless and housing pathways: Key findings from a six-year qualitative longitudinal study*, Dublín, Department of Children and Youth Affairs, en https://n9.cl/tdjyj.

Ministerio de Inclusión, Seguridad Social y Migraciones (2024): *Balance de la reforma del Reglamento de Extranjería: Régimen jurídico de menores y extutelados*. Ministerio de Inclusión, Seguridad Social y Migraciones, en https://n9.cl/fbksa.

Ministerio del Interior (2024): *Inmigración irregular 2024. Informe quincenal*, Madrid, Ministerio del Interior, en https://n9.cl/nv39n.

Noor, M. N. (2022): "Violence against homeless gay and transgender youth in Pakistan – a short report", *Vulnerable Children and Youth Studies*, 17(2), pp. 159-164, en https://n9.cl/fk7xn.

Ruiz Mosquera, A.; de las Olas Palma-García, M. y Vives González, C. (2019): "Jóvenes inmigrantes extutelados. El tránsito a la vida adulta de los menores extranjeros no acompañados en el caso español", *EHQUIDAD. Revista internacional de políticas de bienestar y trabajo social*, 12, pp. 31-52, en https://n9.cl/j45ql.

SALES, A.; FISAS, D. y ULLDEMOLINS, D. (2023): "Sinhogarismo juvenil en Barcelona: los servicios sociales frente a la exclusión migratoria y la falta de acceso a la vivienda", *Revista de Estudios de Juventud*, (127), pp. 45-57, en https://n9.cl/t294g.

SÁNCHEZ MORALES, M. R. (1999): *La población "sin techo" en España: un caso extremo de exclusión social*, Madrid, Sistema.

— (2010): "Las personas 'sin hogar' en España", *RES: Revista Española de Sociología*, (14), pp. 21-42, en https://n9.cl/olsv.

SÁNCHEZ-MORENO, E. y DE LA FUENTE-ROLDÁN, I. N. (2024): "Pandemia, sinhogarismo y salud mental: el papel del apoyo social y las relaciones sociales", *Prisma Social. Revista de Ciencias Sociales e Investigación Social*, (44), pp. 58-83, en https://n9.cl/j4i6sz.

SÁNCHEZ-MORENO, E., CORCHADO-CASTILLO, A. I. y DE LA FUENTE-ROLDÁN, I. N. (2024): "Factor structure and invariance of the 12-item general health questionnaire (GHQ-12) for a sample of people in situations of homelessness", *Journal of Social Distress and Homelessness*, pp. 1-13, en https://n9.cl/64oeq.

TYLER, K. A. y SCHMITZ, R. M. (2018): "Child Abuse, Mental Health and Sleeping Arrangements among Homeless Youth: Links to Physical and Sexual Street Victimization", *Children and youth services review*, 95, pp. 327-333 en https://n9.cl/sch4f.

VILLA-RODRÍGUEZ, K. G.; DE LA FUENTE-ROLDÁN, I. N. y SÁNCHEZ-MORENO, E. (2023): "Una aproximación a la exclusión residencial que afecta a las mujeres migrantes: el sinhogarismo oculto", *Revista OBETS*, 18(2), pp. 397-418, en https://n9.cl/zb77t.

WENDT, S.; NATALIER, K. y GOUDIE, S. (2024): "Young Women's Experiences of Violence and Homelessness", *Violence Against Women*, 0(0), en https://n9.cl/n2ml2o.

CAPÍTULO 5

POLÍTICAS PÚBLICAS PARA COMBATIR EL SINHOGARISMO

ALBERT SALES CAMPOS

Instituto Metròpoli

Los sucesivos informes sobre la situación del sinhogarismo publicados por FEANTSA (la Federación Europea de Organizaciones Nacionales que trabajan con Personas sin Hogar, por sus siglas en francés) muestran un crecimiento del número de personas que duermen en las calles de los países europeos y alertan del incremento de todas las formas de exclusión residencial. La estimación publicada en la última edición situaba el número de personas sin hogar en los 27 Estados miembros de la Unión Europea en 895.000 (Horvat y Coupechoux, 2024). Casi 200.000 más que el cuarto informe sobre el sinhogarismo en Europa del año 2019 (Serme-Morin y Coupechoux, 2019). Aunque las metodologías de contabilización son heterogéneas y los medios destinados en los distintos países también difieren sustancialmente, estas estimaciones incluyen a las personas que duermen al raso; las que son alojadas en refugios de emergencia social y centros de acogida para atender el sinhogarismo; las que residen en instituciones y, ante una inminente salida, no disponen de una solución residencial estable; las que viven en estructuras que no se pueden considerar viviendas (chabolas, caravanas, locales sin condiciones de habitabilidad, etc.); y las que residen temporalmente con familiares y amistades por haber perdido la vivienda. A pesar de las dificultades para cuantificar la extensión de estas formas de exclusión residencial entre la población europea, registros administrativos, recuentos y estudios impulsados por organizaciones sociales y trabajos académicos de todo el continente coinciden en apuntar una tendencia creciente sostenida durante ya más de dos décadas en todos los Estados europeos salvo Finlandia y Dinamarca.

Desde la crisis financiera de 2008 se ha hecho evidente que el crecimiento económico no reduce el sinhogarismo ni la exclusión residencial. La salida de la recesión coincidió con el inicio de una escalada en el número de personas en situación de calle en las ciudades europeas. Después de la corrección de precios de compra y alquiler del periodo 2008-2013 (Organización para la Cooperación y el Desarrollo Económicos, 2021), el retorno al crecimiento abrió un nuevo ciclo alcista que ha llevado a una crisis de inaccesibilidad que afecta a la vivienda de compra, a la de alquiler y al realquiler de habitaciones o de espacios que no se pueden considerar viviendas pero que acaban siendo soluciones residenciales para personas y familias excluidas permanentemente de los mercados convencionales.

El crecimiento de precios ha implicado un incremento del esfuerzo económico de los hogares para hacer frente a los gastos de la hipoteca y, sobre todo, del alquiler. En 2023, el 8,2% de los hogares españoles destinaban más de un 40% de sus ingresos al pago de la vivienda; en el caso de los hogares en régimen de alquiler, esta proporción ya supera el 50% (Europa Press, 2024). Y las barreras de acceso no se limitan al coste económico: el racismo inmobiliario deja fuera del mercado del alquiler a miles de familias migrantes (Gómez *et al.*, 2024).

La alarma por el creciente número de personas que duermen en las calles de las ciudades europeas y españolas se produce en este contexto. Y aunque cada vez resulta más evidente que las dinámicas que provocan la exclusión residencial tienen su origen en el modelo económico y productivo, las políticas migratorias y la desregulación de los mercados laboral y de la vivienda, hacer frente al sinhogarismo y sus consecuencias se ha convertido en un política social altamente compleja que competencialmente está asignada a la Administración local.

A continuación se analizan dos grandes retos de las políticas para combatir el sinhogarismo: por un lado, un crecimiento de recursos asimétrico, fragmentado y desordenado que no ha logrado reducir ni el volumen de personas que duermen en la calle ni el de gente permanentemente excluida de la vivienda; por el otro, la visión localista que mantiene la mayor parte de los agentes implicados en la gestión de sus estragos. Cierra este capítulo un catálogo de propuestas que tratan de abrir el debate acerca de la prevención y de la necesidad de no dejarse llevar por el emergencialismo y persistir en el impulso de una atención de calidad orientada a facilitar la recuperación de las personas afectadas.

1. EL CRECIMIENTO DEL 'SECTOR DEL SINHOGARISMO'

El sinhogarismo se considera un problema de alcance local vinculado a la actuación de los servicios sociales. Los medios de comunicación suelen identificar el hecho de vivir en la calle como la expresión más extrema de pobreza en las sociedades ricas y en la agenda política se considera un problema de fácil delimitación, circunscrito al fenómeno visible en la vía pública. De ahí que las políticas impulsadas para abordarlo se hayan enmarcado en el ámbito o en el control social: se interviene sobre aquello que se ve en las calles, ya sea porque se identifica con una amenaza o una molestia, ya sea por compasión o empatía con el sufrimiento causado por la pobreza.

En España, la atención a las personas sin techo fue asumida por entidades religiosas casi exclusivamente hasta los años ochenta del siglo XX. Hasta entonces, las administraciones municipales consideraban a las personas sin techo un problema de orden público que quedaba en manos de la policía local. La constitución del sistema público de servicios sociales supuso el primer intento de incluir la atención a las personas en situación de calle entre las funciones de estos (Rubio-Martín, 2018; Sales, 2021).

En los últimos 20 años, las administraciones locales, que competencialmente se hacen cargo de los servicios sociales básicos, y las entidades del tercer sector han reaccionado al aumento del sinhogarismo de calle desarrollando políticas focalizadas sobre las personas sin techo, expandiendo dispositivos de alojamiento temporal y profesionalizando el acompañamiento y la intervención social. Este impulso se ha concretado en la puesta en marcha de servicios dirigidos a ofrecer apoyo y alojamiento temporal orientado a la recuperación de la estabilidad emocional, económica y residencial.

A medida que el problema del sinhogarismo ha ido alcanzando mayores dimensiones, el entramado asistencial ha crecido y se ha diversificado. La capacidad de análisis de las políticas sociales ha facilitado las innovaciones metodológicas, y los sistemas de atención basados en los albergues se han convertido en redes complejas que dan cabida a centros residenciales colectivos, viviendas compartidas de transición, programas en los que se ofrece una vivienda como primer paso para salir de la calle y un largo etcétera de servicios creados como reacción a las situaciones de exclusión residencial más grave.

Con independencia del desarrollo de políticas dirigidas a atender a las personas sin hogar, el contexto está marcado por una crisis sostenida de acceso a la vivienda, la extensión de la precariedad y de la inestabilidad laboral entre los hogares de rentas bajas, la insuficiencia de las prestaciones sociales para hacer frente a los precios de pisos y habitaciones, y la exclusión social, residencial y administrativa de una parte de la población migrante (Sales, 2024). Estos factores alimentan la exclusión residencial en todas sus formas; no solo aumenta el número de personas sin techo y la demanda de alojamiento temporal para personas sin hogar, también crece la población en cada una de las situaciones descritas por las categorías ETHOS (Edgar, 2012): las personas alojadas en servicios para personas sin hogar, las que salen de instituciones sin tener donde residir, las que viven situaciones de vivienda insegura o de vivienda inadecuada.

Como reacción a las formas más visibles de exclusión residencial, el crecimiento del llamado "sector del sinhogarismo" se ha focalizado en tratar de reducir o contener el volumen de población que duerme al raso, pero el esfuerzo realizado en muchas ciudades no ofrece resultados visibles. La orientación localista de las políticas y la consecuente falta de actuaciones preventivas que incidan en las causas estructurales de la exclusión residencial generan la paradoja de que cuanto más crecen los recursos mayor es el problema.

2. LOCALISMO Y SERVICIOS SOCIALES

La realidad social de las ciudades europeas hace cada vez más difícil sostener explicaciones del sinhogarismo fundamentadas en problemas individuales. Por más que las políticas públicas se hayan centrado en mejorar la provisión de servicios a las personas afectadas, la crisis de acceso a la vivienda y la expansión de la precariedad y de la pobreza han forzado que se ponga cada vez más la atención a sus causas estructurales. Y aunque el crecimiento del número de personas que sufren todo tipo de situaciones de exclusión residencial se atribuye a decisiones muy alejadas del ámbito local, son los servicios sociales municipales y las organizaciones de la sociedad civil las que hacen frente al impacto de la exclusión residencial.

En el caso de la atención al sinhogarismo, una orientación reactiva de las políticas públicas centrada en las necesidades de la población en situación de calle sitúa las responsabilidades en los servicios sociales básicos que se prestan a nivel municipal. Con diferentes intensidades, las ciudades europeas llevan dos décadas aumentando los presupuestos y los servicios dirigidos a alojar y proporcionar apoyo social a las personas sin techo y sin hogar. Desde principios de los 2000, las actuaciones más comunes impulsadas por los ayuntamientos frente al aumento de personas en situación de calle ha sido aumentar las plazas en alojamientos temporales, pero cada vez más organizaciones sociales y personas expertas en políticas sociales alertan de los riesgos de pretender solucionar el sinhogarismo a través de la creación de albergues. Sin medidas para facilitar el acceso a soluciones residenciales estables, la exclusión residencial se desplaza de la calle a estos centros pero no deja de crecer (Serme-Morin y Choupechaux, 2019).

El localismo ha definido las políticas de atención social y limita el abanico de posibles actuaciones. La creciente presencia de gente durmiendo en las calles de las ciudades y su impacto sobre la opinión pública y la agenda política local no supone cambios en las regulaciones de los mercados laborales ni de la vivienda. Tampoco tiene repercusión alguna en la gestión de las prestaciones de la seguridad social, del sistema de garantía de rentas o de las políticas migratorias. Si los debates no trascienden del ámbito local, las respuestas se limitan a la capacidad de reacción de los servicios sociales y al tejido asociativo de cada ciudad. El sinhogarismo se ha convertido en un claro ejemplo de problema social local generado por decisiones que se toman muy lejos de los límites de la gobernanza municipal (Clarke y Cochrane, 2013).

En 2019, Fitzpatrick, Pawson y Wats publicaban una artículo con el contundente título "Los límites del localismo: una década de desastre en el sinhogarismo en Inglaterra" (*The limits of localism: a decade of disaster on homelessness in England*) en la revista *Policy and Politics*. En su investigación identificaban los problemas derivados de depositar toda la responsabilidad en los municipios y concluían que reducir el sinhogarismo a un problema del ámbito local genera desigualdades territoriales y deja en situación de desamparo a los grupos sociales sin capacidad de incidencia política.

La capacidad de articular servicios que den respuesta a dificultades tan complejas como las derivadas del sinhogarismo depende de los recursos limitados de unas administraciones locales extremadamente heterogéneas que han sufrido el impacto de las políticas de austeridad posteriores a la crisis que estalló en 2008. La asimetría de recursos se hace evidente en zonas metropolitanas con una gran ciudad central y otras periféricas de menor envergadura. En función del municipio de residencia, el empobrecimiento genera una movilidad forzada a la búsqueda de soluciones residenciales asequibles y en el caso de las personas sin techo un desplazamiento periferia-centro para encontrar una cartera de servicios más amplia, organizaciones sociales que ofrezcan apoyo, o actividades de la economía irregular que supongan una oportunidad de conseguir algo de dinero.

Los grupos de población marginalizados, entre los que destacan las personas en situación de calle, difícilmente se reconocen como agentes políticos. Sus necesidades son muy complejas y requieren servicios específicos y costosos. Sin embargo, no tienen capacidad de movilizar la opinión pública a su favor ni de incidir en los representantes políticos. Los incentivos de los servicios sociales municipales para priorizar los servicios dirigidos a las personas sin techo y sin hogar son reducidos; más aún en un contexto de escasez para hacer frente a las necesidades y demandas de una población con domicilio pero empobrecida que sí es considerada parte de la comunidad. Si los intereses políticos de las personas sin hogar llegan a la agenda política local, lo hacen a través de las organizaciones sociales o vecinales que, obviamente, mantienen objetivos comunes con las personas afectadas pero que suelen reforzar la visión localista poniendo el foco en soluciones concretas con recursos de proximidad.

El localismo se fundamenta en la idea de que la Administración local conoce mejor que nadie las necesidades de la ciudadanía y a menudo se ve reforzado por actitudes antiestatales. Pero por más lejana e insensible que se vea la política nacional, las administraciones locales tienen escasa capacidad para llevar a cabo políticas redistributivas y para incidir en los mercados, de modo que el localismo centra su atención en la asistencia quiénes sufren la exclusión social y residencial en lugar de plantear la pobreza como una expresión de las desigualdades (Sales, 2021).

3. COMBATIR EL SINHOGARISMO EN UN CONTEXTO HOSTIL

Entender el sinhogarismo como un problema social con límites claramente dibujados ha permitido esquivar los debates acerca de sus causas estructurales y ha generado un falso consenso alrededor de la necesidad de mejorar la asistencia a las personas sin techo y sin hogar. Sin embargo, tras tres décadas de aumento de los recursos, de programas piloto y de innovaciones metodológicas, el aumento del número de personas sin techo y sin hogar alimenta la frustración.

Frente a la sensación de impotencia, se suele esgrimir que existen excepciones a las malas estadísticas que ofrecen, año tras año, organizaciones nacionales y FEANTSA. De entre estas poquísimas excepciones, se suele mencionar el éxito de Finlandia en la reducción del sinhogarismo de calle como ejemplo a seguir por parte del resto de países europeos: durante tres décadas, este país nórdico ha reducido las plazas en albergues de más de 2.000 a las actuales 52, mientras que las viviendas individuales para personas sin hogar y los pisos con soporte social y médico para personas con altas necesidades han crecido de un par de centenares a más de 4.000. A esta espectacular transformación de la respuesta al sinhogarismo, se suma una fuerte inversión en dispositivos de prevención, que pasan por la detección precoz de situaciones de riesgo y generosas ayudas para que las personas con vulnerabilidades sociales de todo tipo puedan sufragar los gastos de vivienda.

Aunque en ocasiones se reduzca la diferencia entre Finlandia y el resto de países occidentales al despliegue masivo de la metodología *Housing First*, lo cierto es que la clave de la efectividad de su estrategia de reducción del sinhogarismo radica en la capacidad de proteger a la población de la pérdida de la vivienda y no tanto de su capacidad de realojamiento. Esto ha sido posible gracias al impulso del Gobierno nacional, una fuerte coordinación entre los servicios sociales, los servicios sanitarios, las agencias de vivienda y los actores privados y asociativos. Todo en el marco de un compromiso de los partidos políticos para no utilizar el sinhogarismo como arma arrojadiza en la batalla electoral (Y-Foundation, 2017).

Los aprendizajes de la excepcionalidad finlandesa han servido para promover estrategias nacionales en la mayor parte de los Estados europeos y ha sido palanca para extender algunos programas basados en el derecho a la vivienda. Sin embargo, hoy resulta mucho más complicado que a finales del siglo XX lograr consensos entre partidos políticos alrededor de políticas sociales, y la evolución de los mercados de la vivienda va acrecentando la distancia entre el nivel de renta de la población más empobrecida y el coste de una solución residencial. Adicionalmente, la exclusión residencial afecta con mayor intensidad a la población que ocupa peores posiciones en el mercado laboral y que tiene redes de apoyo social más débiles, lo que se traduce en una alta presencia de personas migrantes atendidas por los servicios de sinhogarismo.

La inspiración de la experiencia finlandesa choca hoy con un contexto muy hostil en el que las previsiones de evolución de la exclusión social y residencial no son optimistas. En este ambiente, hay que asumir y comunicar que los servicios sociales, las organizaciones del tercer sector y lo que se ha venido a llamar el sector del sinhogarismo dedican sus esfuerzos a acompañar personas que ven sus derechos vulnerados. En consecuencia, su objetivo no puede ser la reducción del número de personas sin hogar, sino ofrecer oportunidades a las personas atendidas para rehacer. Al mismo tiempo, este combate constante contra los factores de exclusión de carácter estructural debe guiar el despliegue de políticas preventivas que, por definición, deben implicar a las diferentes administraciones. A continuación se apuntan algunas posibles líneas de trabajo en este doble sentido: mejorar el apoyo a quienes se encuentran sin hogar y desarrollar la prevención y el enfoque de derechos.

3.1. DAR RESPUESTA A LAS EMERGENCIAS DE FORMA ESTRUCTURADA

En España, las comunidades autónomas fijan el marco normativo de los servicios sociales y definen las carteras de servicios (los catálogos de actuaciones que financian y ejecutan las propias comunidades y las administraciones locales). En general, entre las funciones recogidas en las legislaciones autonómicas se incluye el alojamiento temporal en situaciones de urgencia que en los últimos años se han multiplicado. En consecuencia, los servicios sociales de la mayoría de ciudades españolas alojan en centros, albergues o establecimientos hoteleros a familias o individuos los días posteriores a sufrir un desahucio, a personas solicitantes de protección internacional que esperan una primera cita con el Programa Estatal de Asilo y Refugio o a las que han visto denegada su solicitud; a personas migrantes de llegada reciente que presentan situaciones de especial fragilidad y no tienen acceso a ninguna solución residencial; a mujeres supervivientes de violencia machista que han perdido la posibilidad de hacer uso del domicilio familiar.

Las políticas de alojamiento temporal de emergencia recaen sobre los municipios que las han ido desarrollando en función de las necesidades, los recursos y las voluntades políticas. La falta de coordinación y coherencia tiene consecuencias sobre la equidad y la eficiencia de la atención. La gran movilidad de la población que sufre exclusión residencial, derivada de las dificultades para estabilizar su domicilio, implica que las dinámicas de las personas y familias atendidas no se correspondan con los límites administrativos municipales. La diversidad de criterios a la hora de ofrecer atención social y alojamiento entre municipios y áreas básicas cercanas genera agravios comparativos y estrategias de relación con la Administración basadas en estas diferencias de trato. Estas estrategias no solo están condicionadas por los criterios de acceso y permanencia en dispositivos de alojamiento temporal, sino también por los criterios de empadronamiento y las herramientas administrativas con las que los municipios hacen valer el derecho al empadronamiento sin domicilio.

El resultado de esta falta de coordinación supramunicipal y de planificación de la reacción a la crisis habitacional genera un entorno poco propicio al desarrollo de políticas efectivas. Los ayuntamientos movilizan recursos de forma desordenada y heterogénea para alojar temporalmente a quién se queda sin hogar, a la par que tratan de ofrecer un techo a las personas en situación de calle que deben atenderse de forma urgente por su extrema fragilidad (familias con menores de edad a cargo, personas de edades avanzadas, personas que caen enfermas, etc.). Adicionalmente, se encargan de situaciones de excepcionalidad que ponen en riesgo la integridad física de la población sin hogar. Situaciones entre las que destacan, por ser las más comunes, las inclemencias meteorológicas.

Una planificación supramunicipal de la reacción a las emergencias limitaría las desigualdades territoriales al evitar el miedo al "efecto llamada" expresado por responsables políticos de infinidad de ciudades que habilitan recursos de acogida (*La Vanguardia*, 2018; de Vega, 2020; *Faro de Vigo*, 2020; *Diario de Navarra*, 2024). Por otro lado, permitiría articular respuestas estables y generar metodologías y protocolos de acompañamiento que permitieran objetivar derechos y obligaciones de las personas atendidas. Por último, crear recursos públicos de acogida a nivel supramunicipal rompería con la dependencia de los ayuntamientos respecto a los operadores turísticos que proporcionan las plazas en pensiones y hoteles de bajo coste (Pleace *et al.*, 2022).

3.2. IMPULSAR SERVICIOS DE INTERVENCIÓN SOCIAL EN MEDIO ABIERTO

Las políticas de abordaje del sinhogarismo tienen su origen en la preocupación por la presencia de personas durmiendo a la intemperie (Sales, 2022). Los equipos de calle o servicios de intervención social en medio abierto nacieron para vincular a las personas que viven a la intemperie, consideradas especialmente vulnerables o frágiles, y para motivarles a entablar una relación con los servicios sociales que les lleve a iniciar un proceso de recuperación y salir de esa situación. Siguiendo la lógica de los años noventa y principios de los 2000, estos servicios tenían como función principal "sacar a las personas de la calle".

Sin embargo, aunque el eje fundamental de la acción de los servicios de espacio público de las grandes ciudades europeas durante sus primeros años de existencia fue vincular a las personas sin techo con los servicios sociales o con recursos de atención y alojamiento, los cambios que se han producido en los últimos 15 años en las dinámicas de exclusión social han obligado a revisar las expectativas. El aumento del número de personas sin techo y la saturación de los refugios y centros residenciales dificultan —y a menudo imposibilitan— ofrecer alojamiento inmediato a las personas en situación de calle.

En este contexto, los objetivos del trabajo con personas sin techo en medio abierto no giran necesariamente en torno al acceso a un recurso residencial, sino que se centran en responder a las necesidades de las personas que deben subsistir sin alojamiento o alternando alojamientos precarios con la calle. En un primer momento, la intervención en medio abierto consiste en prospectar, detectar y establecer un primer vínculo, y en un segundo momento, en facilitar el acceso a otros servicios o fijar, conjuntamente con la persona atendida, un plan de mejora de su situación que permita alcanzar metas razonables, siendo conscientes de las barreras personales e institucionales que dificultan su salida del sinhogarismo.

Los servicios de intervención social en medio abierto siguen siendo imprescindibles y deberían dotarse de los recursos necesarios para facilitar el ejercicio de algunos derechos a las personas sin techo a través del acompañamiento y la activación de servicios (entre los cuales no siempre se incluye el alojamiento): recuperación de documentación oficial, tramitación del empadronamiento y de la tarjeta sanitaria (y apoyo en el acceso a los servicios sanitarios si es necesario), orientación jurídica y administrativa, apoyo en la tramitación de prestaciones, etc. En paralelo al trabajo con las personas en situación de calle deberían poder trabajar con los vecindarios para mediar en posibles conflictos con las personas que pernoctan a la intemperie y para activar recursos comunitarios, constituyendo la fuente más fiable de datos sobre la realidad del sinhogarismo de calle en las ciudades.

3.3. GARANTIZAR QUE LOS CENTROS DE ALOJAMIENTO TEMPORAL SEAN ESPACIOS DE RECUPERACIÓN

En el informe *8th Overview of Housing Exclusion in Europe 2023*, FEANTSA (Horvat y Coupechoux, 2023) se alerta que el incremento del alojamiento temporal para personas sin hogar en toda Europa no está reduciendo el sinhogarismo. El informe subraya que la dependencia del alojamiento temporal no resuelve la principal causa de la exclusión residencial: el acceso a una vivienda o a un espacio residencial estable. Ante las crecientes situaciones de emergencia, las ciudades europeas están destinando recursos al alojamiento temporal y no se están impulsando de manera decidida las políticas basadas en el acceso a la vivienda.

Sin embargo, la lógica de los equipamientos residenciales para personas sin hogar es coherente con la de los propios servicios sociales. El alojamiento es un elemento clave para posibilitar el acompañamiento y el proceso de recuperación que lleva a la persona a superar la situación de exclusión en la que se encuentra temporalmente. La necesidad de ofrecer una solución residencial circunstancial y el aumento de la presión sobre el sistema de atención a las personas sin hogar hacen que los centros residenciales sigan siendo un elemento fundamental de los sistemas de atención al sinhogarismo.

Estos centros, no obstante, han cambiado sustancialmente en los últimos años para garantizar la intimidad y promover la autonomía de las personas atendidas. El modelo basado en albergues nocturnos, diseñados para ofrecer refugio durante la noche, ha ampliado su horario y va perdiendo peso en comparación con los centros residenciales con atención 24 horas que ofrecen habitaciones pequeñas o individuales. Se están creando centros colectivos en los que las habitaciones han sido sustituidas por pequeños apartamentos donde la persona residente puede decidir sus rutinas y administrar su vida cotidiana mientras recibe un apoyo social adaptado a sus necesidades.

3.4. IMPULSAR POLÍTICAS DE ACCESO A LA VIVIENDA ADECUADAS A LA DIVERSIDAD DE LA EXCLUSIÓN RESIDENCIAL

El incremento de atenciones en los servicios para personas sin hogar en las ciudades europeas no solo está causado por el aumento de las situaciones de pérdida de vivienda, sino también por las crecientes dificultades que encuentran las personas atendidas por los servicios sociales para acceder a soluciones residenciales estables. Los equipamientos que proveen alojamiento temporal y acompañamiento social de manera temporal han sido diseñados para que la estancia suponga una recuperación de la autonomía personal, económica y residencial de las personas, pero la falta de vivienda asequible prolonga indefinidamente la necesidad de un lugar donde vivir.

Los servicios sociales se enfrentan a la exclusión habitacional sin las herramientas para facilitar la estabilización residencial de las personas que atienden. Esta es una de las razones por las cuales la principal innovación metodológica en materia de atención a personas sin hogar en las últimas décadas ha sido la extensión de la metodología *Housing First*. El punto de partida de esta propuesta de intervención social, que fue sistematizada por primera vez en Nueva York en los años noventa por el psicólogo Sam Tsemberis (2010), es proporcionar una vivienda estable a las personas sin hogar como primer paso de su proceso de recuperación. Pathways to Housing, la organización liderada por Tsemberis, comenzó a finales de los noventa un programa dirigido a personas sin hogar con una larga trayectoria de vida en la calle y con necesidades muy complejas derivadas de problemas de salud mental o adicciones.

Las personas que ingresaban al programa pasaban directamente de la calle a un apartamento, a su hogar, y allí comenzaban su proceso de recuperación. Un proceso que a menudo es largo y requiere un acompañamiento social y sanitario intensivo que se adapta permanentemente a las necesidades de personas que con frecuencia acumulan un largo historial de conflicto con servicios sociales, hospitales o albergues. En la *Guía Housing First Europa*, de junio de 2016, entidades y personas expertas de todo el continente recopilaron los elementos fundamentales de esta modalidad de intervención social y establecieron las orientaciones técnicas para poner en marcha proyectos de acompañamiento social y acceso a la vivienda para personas sin hogar que puedan considerarse *Housing First*. La guía desarrolla ocho principios: 1) la vivienda es un derecho y, en consecuencia, no puede estar subordinada o condicionada al tratamiento o al acompañamiento social; 2) las personas atendidas deben poder elegir cómo quieren vivir; 3) se debe separar la provisión de vivienda del acompañamiento social; 4) la intervención se orienta a la recuperación de la persona y pone su bienestar en el centro; 5) se adopta un enfoque de reducción de daños en referencia al uso de sustancias adictivas; 6) las personas atendidas deben poder comprometerse con su proceso de recuperación sin temor a sanciones; 7) la atención debe estar centrada en la persona; y 8) el acompañamiento debe ser flexible y estar disponible durante el tiempo necesario.

La metodología *Housing First* se expande a partir de las numerosas evaluaciones que evidencian su eficacia, proporcionando una salida de la situación de calle a personas con problemáticas muy complejas que no habían encontrado su encaje en servicios orientados según el modelo tradicional de "escalera de atención". Frente a los obstáculos que implican entrar en un circuito de atención donde el acceso al alojamiento es temporal y está condicionado al cumplimiento de las condiciones establecidas por los profesionales, *Housing First* supone un cambio de paradigma: la persona atendida tiene garantizada la vivienda de manera indefinida con la única condición de respetar las normas de convivencia con el vecindario. El acompañamiento social y las metas acordadas entre la persona y sus referentes sociales no condicionan la permanencia en el programa ni en la vivienda.

Los principales obstáculos para desarrollar proyectos basados en esta metodología son la escasa disponibilidad de viviendas para convertir los proyectos piloto, habitualmente exitosos, en políticas públicas de mayor escala (Sales, 2023a) y las dificultades para crear equipos multidisciplinares que realicen el seguimiento de casos que presentan una alta complejidad. Sin embargo, el crecimiento de los programas basados en *Housing First* contando con vivienda pública y las alianzas con el tercer sector social para captar vivienda del mercado privado para usos sociales son líneas de trabajo que deben seguir impulsándose y que pueden ofrecer resultados relevantes para las personas con trayectorias de exclusión social y de vida en la calle más largas y complejas.

Los estudios de evaluación sobre la metodología *Housing First* indican que el acompañamiento intensivo y multidisciplinar, junto con la seguridad y la estabilidad en la tenencia de la vivienda, son los factores clave de su éxito (Padgett, Henwood y Tsemberis,

2016; Woodhall-Melnik y Dunn, 2016; Stefancic y Tsemberis, 2007). Otros proyectos basados en los mismos principios se están llevando a cabo con buenos resultados en grupos de población con grandes dificultades para acceder a una vivienda estable y con necesidades sociales complejas. Un ejemplo de ello sería el proyecto VESTA, que se está desarrollando en cuatro municipios de la zona Besòs del Área Metropolitana de Barcelona (Sant Joan de Déu, 2022).

3.5. ADOPTAR UN ENFOQUE PREVENTIVO Y DE RECONOCIMIENTO DE DERECHOS

Reducir de manera significativa el sinhogarismo requeriría actuaciones en cuatro niveles: provocar transformaciones en sus causas estructurales; crear mecanismos de prevención de la pérdida de la vivienda y del alojamiento dirigidos a población especialmente vulnerable; mejorar la capacidad de atención y acompañamiento a las personas sin hogar; y desplegar programas de estabilización residencial de las personas atendidas por los servicios para combatir el sinhogarismo. Utilizando la terminología sanitaria, hacen falta herramientas de prevención primaria (que incidan en las causas estructurales), secundaria (focalizada en grupos de riesgo) y terciaria (para evitar recaídas). Desde esta perspectiva, las políticas preventivas deberían reducir la creciente sobrecarga en las políticas reactivas y, en función de su intensidad, disminuir el impacto de las diferentes formas de sinhogarismo (Gaetz y Dej, 2017).

Sin embargo, mientras las actuaciones de respuesta a la exclusión residencial forman parte de las competencias de la Administración local, la prevención plantea importantes retos de gobernanza. Incidir en las causas estructurales del sinhogarismo y la exclusión residencial requiere actuaciones y modificaciones normativas muy alejadas del ámbito municipal; las políticas migratorias, las legislaciones laborales o de vivienda, o las políticas de seguridad social se deciden en los niveles estatal o europeo. Una parte de las posibles medidas de prevención secundaria, dirigidas a grupos poblacionales que presenten riesgos especialmente elevados de exclusión residencial, se pueden situar en el nivel de los servicios sociales municipales, pero requieren la implicación de la Administración autonómica, ya que son competencia de las comunidades autónomas. Por ejemplo, para prevenir situaciones de sinhogarismo en los procesos de desinstitucionalización, es necesaria una coordinación efectiva entre los servicios sociales y otros sistemas como el de protección a la infancia y adolescencia o los servicios sanitarios. Asimismo, para llevar a cabo actuaciones de prevención terciaria, la implicación de niveles supramunicipales vuelve a ser imprescindible, ya que hacen falta viviendas destinadas a programas de estabilización residencial y mecanismos de garantía de rentas suficientemente sólidos para hacer posible que el acompañamiento de los servicios sociales sea efectivo.

TABLA 1

GOBERNANZA DE LAS POLÍTICAS DE PREVENCIÓN DEL SINHOGARISMO

TIPO DE PREVENCIÓN	CONTENIDO, ACTUACIONES	NIVELES DE DECISIÓN IMPLICADOS
Prevención primaria: incidir sobre las causas estructurales	Políticas de protección social Políticas de vivienda Políticas migratorias	Niveles europeo, estatal y autonómico
Prevención secundaria: acciones para evitar que grupos de riesgo queden sin hogar	Coordinación entre sistemas de protección (salud, salud mental, adicciones, protección a la infancia y la adolescencia) Acompañar la desinstitucionalización	Niveles autonómico y local
Prevención terciaria: acciones para evitar la recaída de quien ya ha pasado por situaciones de sinhogarismo	Revinculación territorial Acompañamiento posterior a la intervención social Apoyos y cuidados de larga duración Acceso a una vivienda estable (programas de vivienda social, programas *Housing First*, etc.)	Niveles autonómico y local

Fuente: Elaboración propia.

La coordinación entre los diferentes niveles de la Administración es imprescindible para desarrollar políticas preventivas con impacto sobre la exclusión residencial, pero la coordinación entre administraciones locales también se ha vuelto necesaria para hacer posibles y sostenibles políticas propias de los servicios sociales y del ámbito local. El tradicional enfoque en las situaciones más visibles de sinhogarismo, las que se expresan en la calle, ha llevado a que los servicios se concentren allí donde se detectan más personas durmiendo a la intemperie. Resulta ilustrativo el ejemplo de Barcelona: como otras grandes ciudades, el municipio de Barcelona ha generado servicios que han adquirido un alcance metropolitano. En una encuesta realizada en 2021 a una muestra de personas alojadas en servicios residenciales para personas sin hogar (Sales, 2022), solo un 10% afirmaba haber vivido en Barcelona desde siempre y un 50% expresaba que hacía menos de cinco años que residía en la ciudad. Al mismo tiempo, mientras un 22% de las personas encuestadas manifestaban haber vivido en la calle más de un año, un 85% afirmaba llevar más de un año sin hogar, encadenando alojamientos de fortuna o temporales. Las trayectorias de exclusión residencial previas a quedarse sin techo suelen iniciarse fuera de la ciudad, y la búsqueda de medios para sobrevivir lleva a una movilidad hacia el centro de la metrópoli (Pitarch, 2019).

Teniendo en cuenta el contexto socioeconómico y los marcos competenciales, las políticas locales deberían centrarse en mejorar la capacidad de actuación de los municipios y de las entidades sociales en la prevención, atención y acompañamiento de las personas sin hogar y en situaciones de exclusión residencial. A continuación, se señalan cuatro ámbitos en los que podrían desarrollarse proyectos que constituyeran el punto de partida de un abordaje metropolitano del sinhogarismo y la exclusión de la vivienda.

BIBLIOGRAFÍA

Alarcón, P.; Romea, F. y Sales, A. (2023): *Serveis socials i polítiques públiques enfront l'exclusió residencial a Barcelona a IERMB (2023) Recerca Urbana per transformar*, Barcelona, Publicacions IERMB, en https://n9.cl/c7kph.

Clarke, N. y Cochrane, A. (2013): "Geographies and politics of localism: The localism of the United Kingdom's coalition government", *Political Geography*, 34, pp. 10-23, en https://n9.cl/nrqxd.

De Vega, L. (2020, 7 de abril): "El Ayuntamiento alerta de un 'efecto llamada' de personas sin hogar", *El País*, en https://n9.cl/jzpmh.

Diario de Navarra (2024, 5 de diciembre): "Asiron advierte del efecto llamada de Pamplona para los 'sintecho': 'Les dicen: id a Pamplona que allí hay recursos'", en https://n9.cl/xknvy.

Edgar, B. (2012): "The ETHOS definition and classification of homelessness and housing exclusion", *European Journal of Homelessness*, 6(2), pp. 219-225, en https://n9.cl/nxuwre.

Europa Press (2024, 4 de abril): "Más de la mitad de los españoles destina entre el 40% y el 60% de sus ingresos a pagar la vivienda", en https://n9.cl/qrdql.

Faro de Vigo (2020, 3 de diciembre): "Concello asume el 'efecto llamada' del programa de acogida de indigentes", en https://n9.cl/bvbdp.

FEANTSA (2005): *ETHOS typology on homelessness and housing exclusion*, en https://n9.cl/olv28.

— (2006). *ETHOS-Taking stock*, en https://n9.cl/twjn1.

Fitzpatrick, S.; Pawson, H. y Watts, B. (2020): "The limits of localism: a decade of disaster on homelessness in England", *Policy & Politics*, 48(4), pp. 541-561, en https://n9.cl/xe7zz.

Gaetz, S. y Dej, E. (2017): *A new direction: a framework for homelessness prevention*, Toronto, Canadian Observatory on Homelessness Press, en https://n9.cl/m49ao.

Gómez, C. M. *et al.* (2024): *Voces contra el racismo inmobiliario*, Madrid, Provivienda, en https://n9.cl/6lid7g.

Hermans, K. (2024): "Toward a harmonised homelessness data collection and monitoring strategy at the EU-level", *European Journal of Homelessness*, 18(1), pp. 191-219.

Horvat, N. y Coupechoux, S. (2023). *8th Overview of Housing Exclusion in Europe 2023*, Bruselas, Fondation Abbé Pierre y FEANTSA, en https://n9.cl/eqnq3.

— (2024): *9th* Overview *of Housing Exclusion in Europe 2023*, Bruselas, Fondation Abbé Pierre y FEANTSA, en https://n9.cl/y8th3.

La Vanguardia (2018, 14 de mayo): "Balance de 'sintecho' atendidos en Barcelona: ¿efecto llamada?", en https://n9.cl/9z7b4.

Organización para la Cooperación y el Desarrollo Económicos (2021): *Affordable Housing Database*, en https://lc.cx/7hnAPG.

Padgett, D.; Henwood, B. F. y Tsemberis, S. J. (2016): *Housing First: Ending homelessness, transforming systems, and changing lives*, Oxford, Oxford University Press, en https://n9.cl/cwdg9j.

Palerm, E.; Palomera, A. y Domingo, G. (2022): *Ocupaciones. Un tipo histórico de vivienda insegura, precària e informal*, Barcelona, Observatori Desc, amb el suport de l'Ajuntament de Barcelona, en https://n9.cl/xasa1.

Pitarch Rodriguez, L. (2020): *Perdidas en la ciudad: juventud sin techo en las ciudades imantadas: entre la seguridad humana y la exclusión social*, tesis doctoral, Universitat Autònoma de Barcelona, en https://lc.cx/pGgOTp.

Pleace, N. *et al.* (2022): *The Private Sector and Emergency and Temporary Accommodation in Europe*, Bruselas, European Observatory on Homelessness, en https://n9.cl/hi4im.

Rubio-Martín, M. J. (2018): "De aquellos barros, estos lodos. Un intento fallido de responsabilización pública: las personas sin hogar", *Cuadernos de Trabajo Social*, 31(2), pp. 479-492, en https://n9.cl/tlefz.

Ruiz, P.; Palomera, J. e Ill, M. (2024): *Informe sobre alquiler e inseguridad en España*. Barcelona, IDRA, en https://n9.cl/llxwtt.

Sales, A. (2021): "Las políticas frente al sinhogarismo: Del rechazo o la compasión al reconocimiento de derechos", en A. M. Huesca González y R. O. Grimaldo Santamaría (coords.), *Aspectos sociales en la Seguridad Ciudadana*, Madrid, Dykinson, pp. 209-222.

— (2022): "La dimensió metropolitana del sensellarisme: trajectòries de la població atesa als centres residencials de Barcelona", en J. C. Migoya Martínez (coord.),

Cap a la metròpoli 2030. Reptes emergents, coneixements innovadors. Anuari Metropolità de Barcelona 2021, Barcelona, Bellaterra, pp. 63-77, en https://n9.cl/am137.

— (2023a): "'Housing First' a Barcelona, de programa pilot a política pública per combatre el sensellarism", en VV AA, *Habitatge Barcelona 2015-2023*, Barcelona, Ajuntament de Barcelona y Barcelona Regional, pp. 231-233, en https://n9.cl/87me1h.

— (2023b): *Model català d'acompanyament i atenció a les persones sense llar*, Barcelona, Departament de Drets Socials Generalitat de Catalunya, en https://n9.cl/gknql.

— (coord.) (2024): *Diagnosi sobre el sensellarisme i l'envelliment a Barcelona 2024*, Barcelona, Ajuntament de Barcelona, en https://n9.cl/prutt.

Sant Joan de Déu (2022): *VESTA, un projecte d'innovació social pel sensellarisme femení*, en https://n9.cl/oyqyom.

Serme-Morin, C. y Coupechoux, S. (2019): *4th Overview of Housing Exclusion in Europe 2023*, Bruselas, Fondation Abbé Pierre y FEANTSA, en https://n9.cl/ny25dl.

Stefancic, A. y Tsemberis, S. (2007): "Housing First for long-term shelter dwellers with psychiatric disabilities in a suburban county: A four-year study of housing access and retention", *The journal of primary prevention*, 28(3), pp. 265-279, en https://n9.cl/1a1z5h.

Tsemberis, S. (2010): *Housing First: The Pathways Model to End Homelessness for People with Mental Illness and Addiction*, Center City, Hazelden.

Woodhall-Melnik, J. R. y Dunn, J. R. (2016): A systematic review of outcomes associated with participation in Housing First programs. *Housing Studies, 31*(3), 287-304, en https://n9.cl/zgocwg.

Y-Foundation (2017): *A home of your own: Housing first and ending homelessness in Finland*, Helsinki, Otava Book Printing Ltd, en https://n9.cl/cresyd.

SOBRE LOS AUTORES Y LAS AUTORAS

Iria Noa de la Fuente-Roldán es trabajadora social y doctora en Trabajo Social. Pertenece al Departamento de Trabajo Social y Servicios Sociales de la Facultad de Trabajo Social de la de la Universidad Complutense de Madrid (UCM), donde actualmente es profesora permanente laboral. Es profesora adscrita al Instituto Universitario de Desarrollo y Cooperación (IUDC-UCM). Su experiencia profesional, académica e investigadora se desarrolla en el ámbito de las desigualdades sociales y la exclusión social, con especial referencia al sinhogarismo y a la exclusión residencial. Forma parte de la Asociación científica sobre sinhogarismo desde la perspectiva de género (ASIPEG).

Esteban Sánchez Moreno es catedrático de Sociología en la Universidad Complutense de Madrid (UCM). Pertenece al Departamento de Sociología: Metodología y Teoría de la Facultad de Trabajo Social. Es autor de numerosos trabajos sobre desigualdades sociales, exclusión y sinhogarismo. Es profesor adscrito al Instituto Universitario de Desarrollo y Cooperación (IUDC-UCM).

José Guillermo Fouce Fernández es doctor y licenciado en Psicología por la Universidad Complutense de Madrid (UCM). Es experto en psicología de la intervención social y en emergencias (certificado por el Consejo General de la Psicología), adicciones (UCM) y comunicación y salud. Es profesor de honor en la Universidad Carlos III de Madrid y profesor asociado de la Universidad Complutense de Madrid. En la actualidad es el coordinador de Salud y Consumo del Ayuntamiento de Getafe y presidente de la Fundación Psicología sin Fronteras.

María Virginia Matulič Domandzič es diplomada en Trabajo Social, licenciada en Antropología Social y Cultural y doctora por la Universidad de Barcelona (UB). Profesora agregada e investigadora de la Unidad de Formación e Investigación (UFR) de la Escuela de Trabajo Social de la UB. Codirectora del Posgrado y Máster de Discapacidad de la UB. Forma parte del Grupo de Investigación científica interdisciplinar en Trabajo Social (RCI-TS) de la Universidad de Barcelona. Cuenta con una dilatada trayectoria profesional vinculada a diversos ámbitos de intervención relacionados con la exclusión social y la salud mental. Autora de diversas publicaciones relacionadas con el sinhogarismo, la perspectiva de género, los servicios sociales, las metodologías de intervención y la supervisión de las prácticas en trabajo social. Forma parte de la Asociación científica sobre sinhogarismo desde la perspectiva de género (ASIPEG) y de la Asociación catalana de investigación en Trabajo Social (ACRTS).

Núria Fustier-Garcia es diplomada en Trabajo Social, licenciada en Derecho y doctora por la Universidad de Barcelona (UB). Es profesora lectora en la Universidad de Girona (UdG) desde el año 2024; anteriormente obtuvo un contrato en el Programa Margarita Salas en la UB, haciendo una estancia de 23 meses en la UdG. Ha compaginado la actividad docente como profesora asociada en la UB con actividad profesional en el ámbito de la consultoría social, siendo socia fundadora de CoopSoc: Laboratori d'Idees Socials (SCCL). Tiene una amplia trayectoria profesional en el ámbito de los servicios sociales, desarrollando distintas funciones en la Administración municipal, provincial y autonómica, tanto de atención directa como de dirección y gestión y de planificación estratégica. Actualmente es miembro del Grupo de Investigación de Ciencias Sociales Aplicadas (CISA) de la UdG con investigaciones sobre diagnóstico social, metodologías de intervención social, servicios sociales y colectivo LGTBIQ+. Forma parte de la Asociación científica sobre sinhogarismo desde la perspectiva de género (ASIPEG).

José Manuel Díaz González es diplomado en Trabajo Social y doctor en Psicología por la Universidad de La Laguna (ULL). Ha prestado sus servicios en diferentes ámbitos del trabajo social desde el año 2007 hasta la actualidad, destacando su desarrollo a nivel técnico y en la coordinación en el Servicio Integral de Atención a las Personas Sin Hogar desde 2015 a 2022. Desde 2018 hasta la actualidad ha llevado a cabo sus funciones como profesor asociado y ayudante doctor en la ULL. Ha desarrollado diversas investigaciones vinculadas fundamentalmente con la exclusión social y el sinhogarismo, y es autor de diversos libros relacionados con la intervención familiar y la intervención profesional con personas en situación de sinhogarismo. Es miembro del grupo de investigación Conflicto, convivencia y mediación y del Centro de Estudios Universitarios de Desigualdad Social y Gobernanza (Cedesog) de la ULL, y formó parte de la Asociación científica sobre sinhogarismo desde la perspectiva de género (ASIPEG).

Eliana González Gómez es graduada en Trabajo Social y máster en Medicación Familiar y Sociocomunitaria por la Universidad de La Laguna (ULL), con experiencia en atención al colectivo de personas en situación de sinhogarismo desde el año 2017. Dentro de esta trayectoria ha sido responsable de la coordinación de un proyecto de atención a mujeres víctimas de las violencias machistas, también en situación de exclusión residencial. Sus áreas de investigación se centran en la intervención con personas en situación de sinhogarismo y las barreras que sufren las mujeres víctimas de violencia de género cuando se encuentran en situación de calle, sin vivienda o vivienda inadecuada. Forma parte de la Asociación científica sobre sinhogarismo desde la perspectiva de género (ASIPEG) como vocal.

Daniel Fernández Roses es investigador predoctoral en Trabajo Social por la Universidad Complutense de Madrid (UCM), donde investiga sobre la percepción de las soledades estructurales en personas mayores LGTBIAQ+. Actualmente, es profesor asociado en la Universidad Pontificia de Comillas y trabajador social en el Servicio Público Estatal de Información y Atención Integral en Materia de Derechos LGBTIAQ+, perteneciente al Ministerio de Igualdad.

Xabier Parra Berrade es licenciado en Psicología, máster en Administración y Gestión de Empresas, máster en Cooperación al Desarrollo y Derechos Humanos, especialista en Educación para el Desarrollo Global y especialista en Psicología Clínica y de la Salud. Cuenta con una amplia experiencia en el ámbito de la intervención social, en el ámbito de las migraciones y la exclusión social, y ha desempeñado diferentes puestos de responsabilidad en la gestión de personal, la planificación y gestión de la vida organizacional. Actualmente, es director del Servicio Capuchino para el Desarrollo y la Solidaridad (SERCADE) y vicepresidente de la Red FACIAM.

Albert Sales Campos es politólogo, sociólogo y doctor en Criminología. Actualmente es investigador del Instituto Metròpoli. Ha asesorado a la Generalitat de Catalunya, al Ayuntamiento de Barcelona y otras administraciones locales en el desarrollo de políticas para combatir el sinhogarismo. Sus trabajos abordan la exclusión social y residencial y la criminalización de la pobreza.